吉林全書

史料編

⑱

吉林文史出版社

圖書在版編目（CIP）數據

吉林輿地略 / (清) 楊同桂等纂 . -- 長春 : 吉林文史出版社 , 2025. 5. -- (吉林全書). -- ISBN 978-7-5752-1133-8

Ⅰ . K923.4

中國國家版本館 CIP 數據核字第 20252PM180 號

JILIN YUDI LÜE

吉林輿地略

纂　　者　［清］楊同桂等
出 版 人　張　强
責任編輯　王　非　馬軼男
封面設計　溯成設計工作室
出版發行　吉林文史出版社
地　　址　長春市福祉大路5788號
郵　　編　130117
電　　話　0431-81629356
印　　刷　吉林省吉廣國際廣告股份有限公司
印　　張　14.75
字　　數　50千字
開　　本　787mm × 1092mm　1/16
版　　次　2025年5月第1版
印　　次　2025年5月第1次印刷
書　　號　ISBN 978-7-5752-1133-8
定　　價　75.00圓

《吉林全書》編纂委員會

總主編 曹路寶

史料編主編 胡維革　李德山　竭寶峰

《吉林全書》學術顧問委員會

學術顧問（按姓氏音序排列）

邴　正　陳紅彦　程章燦　杜澤遜　關樹東　黃愛平　黃顯功　江慶柏

姜偉東　姜小青　李花子　李書源　李　岩　李治亭　厲　聲　劉厚生

劉文鵬　全　勤　王　鍔　韋　力　姚伯岳　衣長春　張福有　張志清

總序

『長白雄東北，嵯峨俯塞州。』吉林省地處中國東北中心區域，是中華民族世代生存融合的重要地域，素有『白山松水』之地的美譽。歷史上，華夏、濊貊、肅慎和東胡族系先民很早就在這片土地上繁衍生息，高句麗、渤海國等中國東北少數民族政權在白山松水間長期存在，以契丹族、女真族、蒙古族、滿族融合漢族在内的多民族形成的遼、金、元、清四個朝代，共同賦予吉林歷史文化悠久獨特的優勢和魅力，决定了吉林文化不可替代的特色與價值，具有緊密呼應中華文化整體而又與衆不同的生命力量，見證了中華民族共同體的融鑄和我國統一多民族國家的形成與發展。

提到吉林，自古多以千里冰封的寒冷氣候爲人所知，一度是中原人士望而生畏的苦寒之地，一派肅殺之氣。再加上吉林文化在自身發展過程中存在着多次斷裂，致使衆多文獻湮没、典籍無徵，一時多少歷史文化精粹『明珠蒙塵』，因此，形成了一種吉林缺少歷史積澱，文化不若中原地區那般繁盛的偏見。實際上，在數千年的漫長歲月中，吉林大地上從未停止過文化創造，自青銅文明起，從先秦到秦漢，再到隋唐直至明清，吉林地區不僅文化上不輸中原地區，還對中華文化産生了深遠的影響，爲後人留下了衆多優秀古籍，涵養着吉林文化的根脉，猶如璀璨星辰，在歷史的浩瀚星空中閃耀着奪目光輝，標注着地方記憶的傳承與中華文明的賡續。我們需要站在新的歷史高度，用另一種眼光去重新審視吉林文化的深邃與廣闊，通過豐富的歷史文獻典籍去閲讀吉林文化的傳奇與輝煌。

吉林歷史文獻典籍之豐富，源自其歷代先民的興衰更替、生生不息。吉林文化是一個博大精深的體系，從左家山文化的『中華第一龍』，到西團山文化的青銅時代遺址，再到二龍湖遺址的燕國邊城，都見證了吉林大地的文明在中國歷史長河中的肆意奔流。早在兩千餘年前，高句麗人的《黄鳥歌》《人參贊》以及《留記》等文史作品就已在吉林誕生，成爲吉林地區文學和歷史作品的早期代表作。高句麗文人之《新集》，渤海國人『疆理雖重海，車書本一家』之詩篇，金代海陵王詩詞中的『一吟一吟，冠絶當時』，再到金代文學的『華實相扶，骨力遒上』，皆凸顯出吉林不遜文教、獨具風雅之本色。

吉林歷史文獻典籍之豐富，源自其地勢四達并流、山水環繞。吉林土地遼闊而肥沃，山河壯美而令人神往，吉林大地可耕可牧、可漁可獵，無門庭之限，亦無山河之隔，進出便捷，四通八達。沈兆禔在《吉林紀事詩》中寫道，『肅慎先徵孔氏書』，印證了東北邊疆與中原交往之久遠。早在夏代，居住於長白山脚下的肅慎族就與中原建立了聯係。一部《吉林通志》，『考四千年之沿革，挈領提綱；綜五千里之方輿，辨方正位』，從時間和空間兩個維度，寫盡吉林文化之淵源深長。

吉林歷史文獻典籍之豐富，源自其民風剛勁、民俗絢麗。《長白徵存録》寫道，『日在深山大澤之中，伍鹿豕，耦虎豹，非素嫻技藝，無以自衛』，描繪了吉林民風的剛勁無畏，爲吉林文化平添了幾分豪放之感。清代藏書家張金吾也在《金文最》中評議，『知北地之堅强，絶勝江南之柔弱』，足可見，吉林大地與生俱來的豪健英杰之氣。同時，與中原文化的交流互通，也使邊疆民俗與中原民俗相互影響、不斷融合，既體現出敢於拼搏、鋭意進取的開拓精神，又兼具脚踏實地、穩中求實的堅韌品格。

吉林歷史文獻典籍之豐富，源自其諸多名人志士、文化先賢。自古以來，吉林就是文化的交流彙聚之地，從遼、金、元到明、清，每一個時代的文人墨客都在這片土地留下了濃墨重彩的文化印記。特别是，清代東北流人的私塾和詩社，爲吉林注入了新的文化血液，用中原的文化因素教化和影響了東北的人文氣質和文化形態；至近代以『吉林三杰』宋小濂、徐鼐霖、成多禄爲代表的地方名賢，以及寓居吉林的吴大澂、金毓黻、劉建封等文化名家，將吉林文化提升到了一個全新的高度，他們的思想、詩歌、書法作品中無一不體現着吉林大地粗狂豪放、質樸豪爽的民族氣質和品格，滋養了孜孜矻矻的歷代後人。

盛世修典，以文化人，是中華民族延續至今的優良傳統。我們在歷史文獻典籍中尋找探究有價值、有意義的歷史文化遺産，於無聲中見證了中華文明的傳承與發展。吉林省歷來重視地方古籍與檔案文獻的整理出版。自二十世紀八十年代以來，李澍田教授組織編撰的《長白叢書》，開啓了系統性整理、組織化研究吉林文獻典籍的先河，贏得了『北有長白，南有嶺南』的美譽；進入新時代以來，鄭毅教授主編的《長白文庫》叢書，繼續肩負了保護、整理吉林地方傳統文化典籍，弘揚民族精神的歷史使命，從大文化的角度折射出吉林文化的繽紛异彩。隨着《中國東北史》和《吉林通史》等一大批歷史文化學術著作的問世，形成了獨具吉林特色的歷史文化研究學術體系和話語體系，對融通古今、賡續文脉發揮了十分重要的作用。正是擁有一代又一代富有鄉邦情懷的吉林文化人的辛勤付出和豐碩成果，使我們具備了進一步完整呈現吉林歷史文化發展全貌，淬煉吉林地域文化之魂的堅實基礎和堅定信心。

當前，吉林振興發展正處在滚石上山、爬坡過坎的關鍵時期，機遇與挑戰并存，困難與希望同在。站在這樣的歷史節點，迫切需要我們堅持高度的歷史自覺和人文情懷，以文獻典籍爲載體，全方位梳理和展示吉林政治、經濟、社會、文化發展的歷史脉絡，讓更多人瞭解吉林歷史文化的厚度和深度，感受這片土地獨有的文化基因和精神氣質。

鑒於此，吉林省委、省政府作出了實施《吉林全書》編纂文化傳承工程的重大文化戰略部署，這不僅是深入學習貫徹習近平文化思想、認真落實黨中央關於推進新時代古籍工作要求的務實之舉，也是推進吉林優秀傳統文化保護傳承、建設文化强省的重要舉措。歷史文獻典籍是中華文明歷經滄桑留下的最寶貴的東西，是吉林優秀歷史文化『物』的載體，彙聚了古人思想的寶藏、先賢智慧的結晶。對歷史最好的繼承，就是創造新的歷史。傳承延續好這些寶貴的民族記憶，就是要通過深入挖掘古籍蘊含的哲學思想、人文精神、價值理念、道德規範，推動中華優秀傳統文化創造性轉化、創新性發展，作用于當下以及未來的經濟社會發展，更好地用歷史映照現實、遠觀未來。這是我們這代人的使命，也是歷史和時代的要求。

從《長白叢書》的分散收集，到《長白文庫》的萃取收録，再到《吉林全書》的全面整理，以歷史原貌和文化全景的角度，進一步闡釋了吉林地方文明在中華文明多元一體進程中的地位作用，講述了吉林人民在不同歷史階段爲全國政治、經濟、文化繁榮所作的突出貢獻，勾勒出吉林文化的質實貞剛和吉林精神的雄健磊落、慷慨激昂，引導全省廣大幹部群衆更好地瞭解歷史、瞭解吉林，挺起文化脊梁、樹立文化自信，不斷增强砥礪奮進的恒心、韌勁和定力，持續激發創新創造活力，提振幹事創業的精氣神，爲吉林高品質發展明顯進位、全面振興取得新突破提供有力文化支撑，彙聚强大精神力量。

爲扎實推進《吉林全書》編纂文化傳承工程，我們組建了以吉林東北亞出版傳媒集團爲主體，涵蓋高等院校、研究院所、新聞出版、圖書館、博物館等多個領域專業人員的《吉林全書》編纂委員會，并吸收國内知名清史、民族史、遼金史、東北史、古典文獻學、古籍保護、數字技術等領域專家學者組成顧問委員會，經過認真調研、反復論證，形成了《〈吉林全書〉編纂文化傳承工程實施方案》，確定了『收集要全、整理要細、研究要深、出版要精』的工作原則，明確提出在編纂過程中不選編、不新創，尊重原本、致力全編，力求全方位展現吉林文化的多元性和完整性。在做好充分準備的基礎上，《吉林全書》編纂文化傳承工程於二〇二四年五月正式啓動。

爲高質量完成編纂工作，編委會對吉林古籍文獻進行了空前的彙集，廣泛聯絡國内衆多館藏單位，尋訪民間收藏人士，重點以吉林省方志館、東北師範大學圖書館、長春師範大學圖書館、吉林省社科院爲收集源頭開展了全面的挖掘、整理和集納；同時，還與國家圖書館、上海圖書館、南京圖書館、遼寧省圖書館、吉林省圖書館、吉林市圖書館等館藏單位及各地藏書家進行對接洽談，獲取了充分而精准的文獻信息。同時，專家學者們也通過各界友人廣徵稀見，在法國國家圖書館、日本國立國會圖書館、韓國國立中央圖書館等海外館藏機構搜集到諸多珍貴文獻。在此基礎上，我們以審慎的態度對收集的書目進行甄别、分類、整理和研究，形成了擬收録的典藏文獻名録，分爲著述編、史料編、雜集編和特編四個類别。此次編纂工程不同於以往之處，在於充分考慮吉林的地理位置和歷史變遷，將散落海内外的日文、朝鮮文、俄文、英文等不同文字的相關文獻典籍一并集納收録，并以原文搭配譯文的形式收於特編之中。截至目前，我們已陸續對一批底本最善、價值較高的珍稀古籍進行影印出版，爲館藏單位、科研機構、高校院所以及歷史文化研究者、愛好者提供參考和借鑒。

『周雖舊邦，其命維新』，文獻典籍最重要的價值在於活化利用。編纂《吉林全書》并不意味着把古籍束之高閣，而是要在『整理古籍、複印古書』的基礎上，加强對歷史文化發展脉絡的前後貫通、左右印證，更好地服務於對吉林歷史文化的深入挖掘研究。爲此，我們同步啓動實施了『吉林文脉傳承工程』，旨在通過『研究古籍、出版新書』，讓相關學術研究成果以新編新創的形式著述出版，借助歷史智慧和文化滋養，通過創造性轉化、創新性發展，探尋當前和未來的發展之路，以守正創新的正氣和鋭氣，賡續歷史文脉、譜寫當代華章。

做好《吉林全書》編纂文化傳承工程是一項『汲古潤今，澤惠後世』的文化事業，責任重大、使命光榮。我們將秉持敬畏歷史、敬畏文化之心，以精益求精、止於至善的工作信念，上下求索、耕耘不輟，爲實現文化種子『藏之名山，傳之後世』的美好願景作出貢獻。

《吉林全書》編纂委員會

二〇二四年十二月

凡例

一、《吉林全書》（以下簡稱《全書》）旨在全面系統收集整理和保護利用吉林歷史文獻典籍，傳播弘揚吉林歷史文化，推動中華優秀傳統文化傳承發展。

二、《全書》收録文獻地域範圍，首先依據吉林省當前行政區劃，然後上溯至清代吉林將軍、寧古塔將軍所轄區域内的各類文獻。

三、《全書》收録文獻的時間範圍，分爲三個歷史時段，即一九一一年以前，一九一二至一九四九年，一九四九年以後。每個歷史時段的收録原則不同，即一九一一年以前的重要歷史文獻，收集要『全』；一九一二至一九四九年間的重要典籍文獻，收集要『精』；一九四九年以後的著述豐富多彩，收集要『精益求精』。

四、《全書》所收文獻以『吉林』爲核心，着重收録歷代吉林籍作者的代表性著述，流寓吉林的學人著述，以及其他以吉林爲研究對象的專門著述。

五、《全書》立足於已有文獻典籍的梳理、研究，不新編、新著、新創。出版方式是重印、重刻。

六、《全書》按收録文獻内容，分爲著述編、史料編、雜集編和特編四類。

著述編收録吉林籍官員、學者、文人的代表性著作，亦包括非吉林籍人士流寓吉林期間創作的著作。作品主要爲個人文集，如詩集、文集、詞集、書畫集等。

史料編以歷史時間爲軸，收録一九四九年以前的歷史檔案、史料、著述，包含吉林的考古、歷史、地理資料等；收録吉林歷代方志，包括省志、府縣志、專志、鄉村村約、碑銘格言、家訓家譜等。

雜集編收録關於吉林的政治、經濟、文化、教育、社會生活、人物典故、風物人情的著述。

特編收録就吉林特定選題而研究編著的特殊體例形式的著述。重點研究認定『滿鐵』文史研究資料和東北亞各民族不同語言文字的典籍等。關於特殊歷史時期，比如，東北淪陷時期日本人以日文編寫的『滿鐵』資料作爲專題進行研究，以書目形式留存，或進行數字化處理。開展對滿文、蒙古文，高句麗史、渤海史、遼金史的研究，對國外研究東北地區史和高句麗史、渤海史、遼金史的研究成果，先作爲資料留存。

七、《全書》出版形式以影印爲主，影印古籍的字體版式與文獻底本基本保持一致。

八、《全書》整體設計以正十六開開本爲主，對於部分特殊内容，如，考古資料等書籍采用一比一的比例還原呈現。

九、《全書》影印文獻每種均撰寫提要或出版説明，介紹作者生平、文獻内容、版本源流、文獻價值等情况。影印底本原有批校、題跋、印鑒等，均予保留。底本有漫漶不清或缺頁者，酌情予以配補。

十、《全書》所收文獻根據篇幅編排分册，篇幅適中者單獨成册，篇幅較大者分爲序號相連的若干册，篇幅較小者按類型相近或著作歸屬原則數種合編一册。數種文獻合編一册以及一種文獻分成若干册的，頁碼均單排。若一本書中收録兩種及以上的文獻，將設置目録。各册按所在各編下屬細類及全書編目順序編排序號，全書總序號則根據出版時間的先後順序排列。

吉林輿地略

［清］楊同桂等 纂

提要

《吉林輿地略》［清］楊同桂、秦世銓等纂。成書於一八九八年。主要版本爲光緒二十四年（一八九八）石印本，綫裝二册。全書正文前有秦世銓序文一篇，内容分爲上下兩卷。上卷爲吉林省統部、寧古塔城、三姓城、富克錦附、琿春城、吉林府、伊通州、磨盤山州同附、敦化縣；下卷爲長春府、農安縣、伯都訥廳、伯都訥城附、賓州廳、阿勒楚喀城附、五常廳、雙城廳。《吉林省統部》含沿革、疆域、山鎮、水道、職官五目。自『寧古塔城』至『雙城廳』，均含沿革、疆域、天度、山鎮、水道、鄉鎮、職官各目。全書基本上摘自《吉林通志》，有很多可取之處，如該書序言中説：『蓋不必讀通志全書，而邊徼形勢，如在目前矣。』

该書通過對山川地貌、疆域變遷等記載，還原吉林地區歷史地理面貌，填補了相關學術研究在資料完整性上的不足，爲歷史地理等學科研究提供了翔實可靠的資料，也有助於深入研究東北少數民族的歷史發展與文化傳承，完善民族文化研究體系。

爲盡可能保存古籍底本原貌，本書做影印出版，因此，書中個别特定歷史背景下的作者觀點及表述内容，不代表編者的學術觀點和編纂原則。

古吉林輿地畧二卷將軍咨送
會典館者也原稿分門列表如沿革畺域經度山鎮
水道鄉鎮職官驛站條晰類繫攷核精塙故友楊
伯馨太守與通志局諸人參核增損成為是書世
銓曾與分輯幸具有裨輿地蓋不必讀通志全書
而邊徼形勢如在目前矣爰付石印以貽同好
光緒二十四年秋七月無錫秦世銓

吉林輿地略

上卷

下卷

吉林輿地畧卷上

吉林省統部

沿革

上古三代為肅慎漢晉東北為挹婁東南為北沃沮西南為高句麗北境西北為扶餘北魏松花江以東為勿吉松花江以西為高句麗三姓東北為豆莫婁隋唐初南為白山粟末北為伯咄安車骨東為拂涅號室東北為黑水室韋說莫曳皆虞婁越喜鐵利等靺鞨地唐初設渤利州黑水府西及西北為高麗至渤海為涑州東為上京及率賓府東南為南京東北為東平府西南為中

京西北爲扶餘府極東北爲黑水靺鞨遼爲涑州北爲東京之甯江州西爲率賓府西北爲東京之通州賓州龍州黄龍府湖州渤州勝州河州祥州上京之長春州南爲長白山部西南爲輝發部及定安國東南爲博羅滿達勒部東北爲女真烏舍鐵驪靺鞨等部極東北爲五國伯哩部金南爲上京海蘭路東南爲率賓路東北爲呼爾哈路北爲肇州會甯府西北爲隆州及東京之泰州西爲東京咸平路屬縣元爲開元路西爲咸平路混同江兩岸爲合蘭府碩達勒達等路明初年爲訥兒干都司領衛所一百餘其後南爲長白山三部西爲葉

赫部西南爲輝發部北爲烏拉部東南爲瓦爾喀部東及東北爲窩集呼爾哈等部西及北初爲三萬衛後入蒙古科爾沁部

國朝原名吉林烏拉又曰船廠順治十年設按班章京及副都統二人鎮守寧古塔康熙元年改按班章京爲鎮守寧古塔等處將軍十年移副都統一人駐吉林十二年始建城十五年將軍自寧古塔移鎮於此管理滿洲蒙古漢軍錫伯巴爾虎等旗凡副都統分鎮之地五寧古塔伯都訥三姓阿勒楚喀琿春協領分駐之地四烏拉拉林五常雙城佐領分駐之地二伊通河額穆赫索羅防禦分駐之地四按會典康熙二十年設防禦四人分

駐巴彥鄂佛囉伊通赫爾蘇布爾圖庫蘇巴爾罕四邊門光緒八年奏准添設吉林分巡道所屬吉林府伊通州敦化縣長春府農安縣伯都訥廳五常廳賓州廳雙城廳

疆域

東至寧古塔松阿察河東岸亦字界牌俄羅斯界一千七百餘里西至威遠堡邊門奉天開原縣界五百六十里南至鴨綠江朝鮮界九百餘里北至松花江黑龍江省呼蘭廳界六百餘里東南至琿春長嶺土字界牌以東俄羅斯界一千二百餘里西南至額爾敏河奉天通化縣界五百餘里東北至富克錦烏蘇哩江口東岸耶

字界牌俄羅斯界二千五百餘里西北至農安縣夏家窩堡郭爾羅斯公界五百餘里東西廣二千四百六十餘里南北袤一千五百餘里西南至

京師二千三百里

山鎮

長白山省城東南橫亘千餘里東北距琿春六百八十餘里東自寧古塔西至奉天諸山水皆由此發源分水嶺亦名黑林嶺即長白山北幹

水道

長白山巔有潭名闥門泡形如深井南北袤九里東西

廣八里週三十里東南兩峯環抱其下如門北面稍缺潭水外流為松花江源松花江原名混同江又名松阿哩江又名宋瓦江即古粟末水也有東西二源東出長白山巔之潭二派分流東曰安巴圖拉庫河西曰阿濟格圖拉庫河西源亦有二派東曰額赫額音河西曰三音額音河皆自長白山發源北流與東派諸泉會一流八百餘里遶省城東南兩面北流出柳邊由長春府東南至農安縣境西北經伯都訥城北流會嫩尼江經三姓城北六百餘里黑龍江自西北來會又二百餘里會烏蘇哩江北流入海佟家江亦作同嘉江即古鹽難水

也源出長白山南分水嶺三泉會一西南流受拉哈河諸水鴨綠江自東來會南流入海鴨綠江一名益州江又名靉江即古馬訾水也源出長白山西南流與佟家江會五百餘里遶奉天鳳凰城東南入海嫩泥江即嫩江亦曰諾尼江古名難水亦曰那河明初為腦温江又名忽剌温江源出興安嶺伊拉古爾山由黑龍江界流至伯都訥城北入松花江牡丹江即古呼里改江

國初名虎兒喀河源出老白山自敦化縣南老嶺至帽兒山東北流滙縣境諸水東流至寧古塔境入鏡泊湖又從鏡泊東遶寧古塔城北流至三姓界受境內諸水入

松花江烏蘇哩江在寗古塔東一千餘里源出希喀塔山東北流會混同江入海

職官

吉林將軍　吉林副都統　吉林分巡道　吉林滿洲八旗協領佐領防禦驍騎校　蒙古旗協領佐領防禦驍騎校　烏鎗營參領佐領驍騎校　水師營總管四五六品官　將軍衙門管檔主事　銀庫主事　理刑筆帖式　銀庫筆帖式　左右翼助教　驛站監督總站官俱駐會城　烏拉打牲總管　左右翼領　委翼領　倉官　管檔筆帖式　烏拉協領佐領防禦驍騎校俱駐打牲烏拉城

寧古塔城

沿革

上古三代為肅慎漢晉為挹婁北魏為勿吉隋唐初隋為拂捏號室韎鞨唐初為忽汗州渤海為上京龍泉府龍湖渤三州東平府之伊蒙沱三州率賓府之華州益州遼初為東丹國後為博羅滿達勒部及女真部南境金初為上京後為會寧府南境海蘭路北境元初為南京萬户府後為合蘭府碩達勒達路之呼爾哈萬户府南境明初為訥兒干都司及雙城薩喇塞珠倫穆稜穆克圖哩山海蘭城阿布河珠倫河塔拉河們河穆哈連

河格林河赫圖河舒藩河尼滿河費雅河阿穆爾河畢瞻呼錫哈哩佛訥赫呼勒山扎穆圖穆當阿山克音湖呼濟河拉拉山廸拉法勒圖河布拉薩爾布搜里舒爾哈布達興凱湖等衛及德勒沃赫索爾和綽河等所後爲窩集部之佛訥和托克索寧古塔穆稜等路呼爾哈部之那堪泰路

國朝順治十年設按班章京及副都統駐此向有舊城在今城西北五十里康熙五年始於呼爾哈河北岸移建今城十五年以將軍移駐吉林烏拉城留副都統鎮守管理各旗户雍正五年置泰寧縣屬奉天府七年裁

疆域

東至橫山會處平岡小峯之巔那字界牌以東五百八十里至大樹岡瑪字界牌以東六百二十餘里以外俱俄羅斯界西至都林河吉林府界二百餘里南至嘎哈哩河琿春界三百餘里北至三道河子三姓界三百餘里東南至瑚佈圖河口東岸倭字界牌以東六百餘里至三岔口七百一十里以外俱俄羅斯界西南至狍子溝敦化縣界二百餘里東北至白淩河北岸小漫岡拉字界牌以東六百三十餘里至白淩河口喀字界牌以東六百七十七里以外俱俄羅斯界至和圖河三姓界

七百餘里至興凱湖之松阿察河東岸亦字界牌以東
俄羅斯界一千一百餘里至穆稜河口東俄羅斯北三
姓界一千三百餘里西北至海蘭河源西五常廳北賓
州廳界四百五十里
東西廣一千三百一十里南北袤六百餘里西距會城
八百里

天度

緯度北極出地四十四度四十六分經度距
京師中綫偏東十三度三十五分

山鎮

二龍山城南四十里大王山城東五里博羅哈達山城東北十五里興額哩温車恨山城北二十里老黑山城北三十里舊卡倫山城北六十里紅山城西四十里杏花山城西南八十里龍頭山城西北六十里密占山城西北六十里瑪爾瑚哩窩集城南一百五十里布臘山城西南一百十里平頂山城南七十里長山城南一百里

水道

海蘭河城西北五十里源出海蘭窩集東流入牡丹江

商音必爾罕河城東四里源出商音必爾罕窩集北流入牡丹江塔克通泥河城東南四里源出塔克通阿窩

集北流入牡丹江沙蘭河城西八十里源出西北一百
里無名小山南流入牡丹江牡丹江自敦化縣東流入
境注鏡泊湖北流經三姓入松花江瑪爾胡哩河城西
南五十里源出瑪爾胡哩窩集北流會牡丹江入鏡泊
湖松音河城西南一百里源出瑪爾胡哩窩集北流入
鏡泊湖阿布河城西南六十里源出瑪爾胡哩窩集北
流入鏡泊湖阿蘭河城西一百七十里源出必爾罕窩
集南流會朱克敦河朱克敦河城西一百六十里源出
必爾罕窩集南滙入鏡泊湖必爾罕河城西一百四十
里源出必爾罕窩集南滙入鏡泊湖扼虎河城西一百

三十里源出必爾罕窩集滙必爾罕河鏡泊湖城西南一百十里滙入牡丹江噶哈哩河城南一百五十里源出瑪爾胡哩窩集南流入琿春境三道河城東南一百二十里源出老嶺下游入索爾霍綽河索爾霍綽河城南十里源出索爾霍綽窩集北流入牡丹江塔蘭河城西一百八十里源出必爾罕窩集南流滙阿蘭河布泥河城西九十里源出西北一百二十里無名小山南流滙法爾撒河佛多活河城西三百三十里源出色齊窩集南流滙都林河都林河城西二百十里源出馬鹿溝南流入牡丹江法爾撒河城西九十里源出德林石東

流滙海蘭河蓮花泡城西南八十里北蓮花泡城北七十五里海眼在石頭甸子西十餘里高山中方圓八十餘里

鄉鎮

城東三里窪子屯五里花蓮溝屯十里山音必爾罕屯二十五里白利哈達屯二十八里大王山屯三十里東花蓮溝屯三十五里卡倫屯五十五里許家大屯七十里太平溝屯一百里磨刀河屯一百一十五里協領河屯一百三十里石頭廟子屯一百五十里趕留石屯一百六十里抬馬溝屯一百八十里釣魚台屯二百里穆

稜河卡倫屯二百二十里菜營屯二百四十里康濟屯

二百八十里腰嶺子屯

城東南二十里唐頭溝屯三十里缸窑屯八十里花蘭

溝屯一百二十里穆稜河上渡口一百八十里孤榆樹

屯二百五十里雙楊樹嶺屯三百里姜窑峯屯三百六

十里八道河屯四百五十里南天門屯五百四十里萬

鹿溝屯五百八十里小城子屯六百五十里馬家窩堡

七百里三岔口街

城南一里張家屯五里小索爾霍綽屯十五里塔克通

尼屯二十里乾溝子屯二十五里八家子三十里馬家

屯三十五里榆樹林子屯四十五里三家子五十五里
嘎斯哈屯六十里孤家子六十五里臥龍屯七十五里
蛤螞河屯八十里卻家坟屯八十五里盧家屯九十里
馬廠屯一百二十里三道河屯一百三十五里二道河
屯
城南迤西三里觀音閣屯十五里黃旗屯二十里拉馬
屯四十五里黃花甸子屯五十里大索爾霍綽屯五十
五里羅成溝屯六十里樺樹嶺屯七十里新官地站屯
八十里腰嶺屯八十五里石頭坑子屯九十里臥龍河
屯九十五里廟兒嶺屯一百里成家嶺屯一百二十里

金坑屯一百三十里瑪爾瑚哩站屯一百五十五里小

團山屯一百六十五里六道河屯一百九十里老松嶺

站屯二百五十里薩奇庫站屯二百六十五里拉青嶺

屯二百八十里小三岔口屯

城西南三十里小牡丹屯三十五里高麗房屯四十里

獨木河屯六十里下馬蓮河屯七十五里中馬蓮河屯

八十里上馬蓮河屯九十里小荒地屯一百里大荒地

屯一百零五里上官地屯一百一十里大三家子屯一

百二十里觀古屯一百五十里官馬咀子屯一百六十

里石頭河屯一百八十里柳樹河屯

城西南迤西四十里都木河屯七十里下窨子屯七十五里牛廠屯八十五里敦京城九十三里阿堡屯九十五里朱家屯一百里小朱家屯一百一十里阿堡屯一百二十里二通屯一百三十里色吉通屯一百三十五里北湖頭屯一百五十里大孤山屯一百六十里小孤山屯一百六十五里松音卡倫屯一百七十里南湖頭屯一百八十里小孔其木河屯一百九十里大孔其木河屯一百九十五里信和東屯二百里朝陽溝屯二百一十里江沃子屯二百一十五里腰店屯二百二十里董家溝屯二百二十五里牛圈溝屯二百三十里高家

屯二百三十五里泉眼溝屯二百三十八里燒鍋溝屯
二百四十里拋銅溝屯二百四十五里下漥子屯
城西五里大石橋屯十五里依蘭岡屯三十里大牡丹
屯四十里藍旗屯四十五里七間房屯六十里爬犁甸
子屯七十五里三靈屯木其溝屯八十五里閻家屯九
十里和尚屯一百里發虎屯一百一十里朱家屯
城西迤南八十里沙蘭站屯九十里頭道河屯九十八
里二道河屯一百里蓮花泡屯一百一十里三道河屯
一百三十里德林卡倫屯一百五十里必爾罕站屯一
百五十五里半拉窩集屯一百七十里張家店屯一百

八十里珠倫河屯一百九十里新店屯二百一十里塔
拉站屯二百三十五里史家店屯
城西北二十里額傅屯二十七里雙橋子屯三十里麥
子溝屯四十里鴨綠溝屯五十五里海蘭屯七十里舊
街八十里九道梁子屯九十里蠻子營屯一百里官地
屯一百一十里楊木台屯一百二十里十道梁子屯一
百三十里萬丈溝屯一百三十五里火龍溝屯一百四
十五里雙石磖子屯一百五十里北威子屯一百八十
里大海蘭河屯
城西北迤北十五里三間房屯三十二里腰龍屯六十

五里龍首山屯八十里石道河屯九十里下甸子屯九十五里鰲頭屯一百里楊樹林子屯一百一十五里哈達彎子屯一百三十里紅甸子屯

城北五里覺羅窪子屯十里下猞猁屯二十二里上猞猁屯二十七里雙橋子屯三十八里薩克薩豁羅屯四十八里德家屯五十八里南溝屯六十五里卡倫山屯七十三里薩爾虎屯八十三里啦咕屯九十五里江頭屯一百里白廟子屯一百一十里丁家屯一百一十五里兩家子屯一百二十里閻家屯一百五十里紅甸子屯

城北迤東十三里小橋子屯二十里興叵哩温車恨屯二十五里胡什哈屯三十五里樓房屯四十里孤家子屯四十五里小團山子屯五十里大團山子屯五十五里馬鞍山屯六十里屯河屯六十五里朱家大屯七十五里孛富頭屯八十里蓮花泡屯九十里古家子屯九十五里特林河屯一百里新卡倫屯一百一十里樺樹林子屯一百一十八里阿拉屯一百二十里西樺樹林子屯一百二十五里長蛇碯子屯一百三十五里夫塔窑河屯一百四十里小人國屯一百五十里頭道河子屯一百六十里頭道卡倫二百二十里二道卡倫二百

六十里三道卡倫三百三十里四站街
城東北六十五里頭道嶺屯八十五里四道嶺屯一百
里樺樹林子屯一百一十里司馬豁落屯一百四十五
里烏府林屯一百八十里頭站二百一十里亮子河屯
二百二十里長嶺子屯二百四十里二站二百七十里
紅廟兒嶺屯三百里三站三百六十里四站三百九十
里老爺嶺屯四百里楸皮嶺屯四百五十里大黃泥河
屯四百八十里小黃泥河屯五百二十里下亮河五百
六十里水曲柳河屯

驛站 自塔城甯古台站西行八十
里沙蘭站六十里必爾罕站六十里塔拉站西接敦化

縣界自寗古台站南行七十里新官地站六十里瑪勒
瑚哩站六十里老松嶺站六十里薩奇庫站六十里瑚
珠嶺站南接琿春界

職官

副都統一員　協領二員　佐領十二員　助教一員

駐塔城

三姓城

沿革

上古三代為肅慎漢晉為挹婁北魏為勿吉東北為豆莫婁隋唐初為號室靺鞨東北為黑水窟說莫曳皆虞婁越喜鐵利等靺鞨唐初設渤利州及黑水府渤海為東平府之黑比二州遼為烏舍鐵驪五國伯哩等部金為呼爾哈路元為合蘭府碩達勒達路之屯萬户府明初為薩里屯河伊爾庫魯費森穆勒肯山特林山烏蘇哩河喜雅哩河克默勒奇集河綽拉題山猷特哩阿穆爾河福題希奇穆尼庫稜希禪畢呼哩河窩窩勒河哈

勒費延實爾固宸扎津和爾邁和屯瞻屯敦敦河斡里
城阿奇格根穆蘇海楚等衛及窩集屯河呼特亨法特
哈河窩集奎瑪窩集沃勒齊岳塞喜嚕林等所後為窩
集部之烏爾固辰路呼爾哈部之喀爾喀木等十屯諾
羅錫喇忻音達琿塔庫喇喇等路
國朝原名依蘭哈拉康熙五十四年建三姓城始置駐防
兵以協領等官領之雍正十年增設副都統管理各旗
户
疆域
東至烏蘇哩江東岸俄羅斯界一千二百餘里西至松

花江南岸螞蜒河口賓州廳界二百八十餘里南至牡丹江（原名胡爾哈河）右岸鍋葵山（原名鳩栯芬山）寧古塔界三百里北至松花江北湯汪河（原名吞昂阿河）右岸半拉窩集山之古穆訥城黑龍江呼蘭廳界一百四十餘里東南至穆稜河（即莫力河）南蜂蜜山子寧古塔界六百八十餘里西南至牡丹江左岸三道河子南岸寧古塔界三百里東北至松花江南岸音達木河口富克錦界二百一十里西北至松花江北岸卜雅密河西岸黑龍江呼蘭廳界三百餘里

東西廣一千七百八十餘里南北袤四百五十里西南

至會城一千二百里

富克錦疆域附

東至諾洛河即撓力河口之烏蘇哩江東岸俄羅斯界七百餘里西至松花江西岸黑龍江呼蘭廳界一百六十里南至諾洛河北岸三姓界五百餘里北至近接松花江北岸黑龍江璦琿界東南至穆稜河即莫力河甯古塔界六百里西南至音達木河口三姓界三百二十一里東北至烏蘇哩江口東岸頭號耶字界牌以東俄羅斯界七百四十里西北至近接松花江北岸黑龍江璦琿界東西廣八百六十餘里南北袤五百餘里西南至三姓五

百三十餘里

天度

緯度北極出地四十七度二十分經度距

京師中綫偏東十三度二十分距會城緯度偏北三度三十三分經度偏東二度五十三分

山鎮

馬鞍山城東南十八里土龍山城東南一百二十里老鸛窩山城東南一百十四里四箇頂子山城東南六十里長嶺子城東南七十五里廣豐山城東南一百四十里鍋葵山城南三百三里爾吉利山城西一百六十里

丹陽山城西二百三十里廟爾嶺城南一百六十里紅石磖子城北三十里烟筒山城北五十里查胡蘭山城北七十里

富克錦山鎮附

烏爾古力山在錦署東南三十里畢蘭印山在錦署西北六十里一窩蛋山在錦署西一百二十里瓦里城山靠江哈達窑山瑪庫哩山小黑山德依很山俱在署西南二百餘里自小黑山起東接七星磖子山青嘴子山阿爾哈山大鍋魁山發希山角止東西二百五十里七虎林山署東南四百餘里署東莫力洪庫街吉洪庫額

圖洪庫奇訥林洪庫諸山至烏蘇哩界牌皆沿江陡岸

大嶺署北臨江

水道

穆稜河源出穆稜窩集東流入烏蘇哩江蘇木河城西北一百五十八里東流入窩坑河裴底河城東南六百里流入烏蘇哩江西金別拉河城南四百八十里北流入窩坑河奇塔河城東南四百二十里北流入窩坑河楊樹河城東南四百里北流入窩坑河小駝腰子河城東南三百八十里北流入窩坑河偏臉子河城東南三百七十里北流入窩坑河陡溝子河城東南三百五十

里北流入窩坑河小碾子河城東南三百五十里北流入窩坑河杏樹溝河城東南三百里北流入窩坑河羶羊河城東南二百六十里北流入窩坑河赫蘭珠岡河城東南二百八十里北流入窩坑河雞心河城東南二百五十里北流入窩坑河大駝腰子河城東南二百二十里北流入窩坑河半截河城東南二百里北流入窩坑河二道河城東南一百八十里北流入窩坑河頭道河城東南一百七十里北流入窩坑河瓦金別拉河城東南四百二十里南流入窩坑河巴湖力河城東南二百五十里南流入窩坑河七湖力河城東南二百二十

里南流入窩坑河窩坑河城東三百四十里滙諸河入
松花江西北稜河城南二百三十里西流入烏斯渾河
湖水别拉河城南二百五十里西流入烏斯渾河額和
勒河城南二百七十里西流入烏斯渾河龍尒溝河城
南二百九十三里西流入烏斯渾河烏斯渾河城南三
百五十里滙西北稜河北流入牡丹江博勒河城南二
十五里北流入牡丹江柳樹河城南二百十七里西流
入牡丹江蓮花泡城南二百四十三里流入牡丹江三
道河城南三百六十里東北流入牡丹江四道河城南
一百十七里東流入牡丹江五道河城南一百三十里

東流入牡丹江牡丹江自寧古塔北流入境經城西滙諸水北流入松花江舒勒河城東北六十里源出四塊石山南流入松花江湯旺河城東北一百里南流入松花江小古洞河城北五十里源出恒虎頭山南流入松花江大古洞河城北七十黑源出恒虎頭山南流入松花江音達木河城東北二百十三里北流入松花江達林河城西四十五里北流入松花江朱奇河城西六十二里北流入松花江郭卜奇希河城西七十里北流入松花江瓦洪河城西八十七里北流入松花江北黃泥河城西一百六十五里源出丹陽山西南滙瑪珽河入

松花江巴蘭河城東北十七里源出查胡蘭山南流入松花江松花江自賓州廳東流入境經城北東北流出境會黑龍江烏蘇哩江入海

鄉鎮

城東五里窩坑屯十二里哈勒斐屯二十五里白哈達屯四十里阿吉瑪瑪屯四十八里舒勒河屯六十三里大瓦丹屯八十三里宏格力台一百里山音窩坑屯一百一十里達勒岡屯一百一十五里木舒圖屯一百二十五里城子一百三十里發勒圖屯一百三十五里達佈庫屯一百五十里敖奇屯一百六十二里葛吉勒台

一百七十里泡子沿屯一百八十里黑通屯一百八十
五里牡牛哈屯一百九十五里朱板屯二百里賈木司
屯
城東迤南十八里馬鞍山屯二十六里羊角溝屯三十
三里山彦倭和屯五十三里阿穆達屯八十里水曲柳
溝屯一百里兩湖景屯一百一十五里陡溝子屯一百
二十里老鸛窩屯一百三十里榆樹泡屯一百五十里
半結河屯一百八十里八胡力河屯二百里七胡力河
屯二百三十里樺皮溝屯
城東南八里石灰窑子屯十二里喇嘛咔屯二十里東

岡子屯二十八里多奇屯三十里稗子溝屯三十五里
孤家子六十里四箇頂子屯七十二里瑪呢蘭屯九十
里火燒溝屯一百三十里富勒霍烏珠屯
城東南迤南二十里三家子屯二十五里山嘴子屯三
十七里胡家屯五十里東岡子屯七十四里田家屯一
百里長嶺子屯一百一十里黑樹林子屯一百三十二
里新卡倫屯一百四十五里廣富山屯一百五十五里
黑瞎子溝屯
城南四里神樹寺屯八里四間房屯十二里騍達子屯
十八里楊武吉屯二十四里博勒河屯二十九里舒胡

圖屯三十五里索合川屯三十九里胡什哈屯四十六里太平莊五十里頭站五十四里開伏喀屯六十里菱角口子屯六十八里宅斐屯七十里碾子溝屯七十四里土城子八十四里新甸屯一百二十里二站一百二十五里烏斯渾河屯一百五十里羝羊磖子屯一百五十八里老西溝屯一百六十八里三道通屯一百七十里三站一百七十三里小巴彥蘇屯一百八十里頭道河屯二百里胡什哈達屯二百十五里二道河子屯二百二十五里三道河子屯二百三十里四道河子屯二百三十五里柳樹河子屯二百四十五里蓮花泡屯二

百五十里四站二百五十五里狗王通屯二百六十里
門坎子稍屯
城南迤東四十里蓮花泡屯五十五里王家大屯六十
五里二道林子屯七十里小河沿屯八十五里三家子
屯一百里大頂子山屯一百一十里廟爾嶺屯
城西南十六里拉哈福屯三十六里靠山屯五十六里
代恒屯六十八里額穆吽屯七十六里西芬溝屯八十
五里察爾霸屯一百里克斯科屯一百一十里呢斯哈
屯一百二十里烏斯渾屯一百二十五里黑牛圈屯一
百三十六里五道河子屯一百五十里五箇咀子屯一

百六十里城墻磖子屯一百七十里四道河子屯一百
九十里白音蘇蘇屯一百二十里望背磖子屯二百二
十五里馬架子屯二百七十里小迎門石屯二百九十
里大迎門石屯三百里三道河口屯
城西三里肖奇嘴子屯十五里大歲子屯三十五里西
甸子屯五十五里達林河屯七十二里朱奇河屯八十
五里郭佈奇希河口屯九十里瓦洪河屯一百里黑瞎
子溝屯一百零五里永起屯一百一十二里小羅拉密
屯一百二十四里大羅拉密屯一百三十里花公集屯一
百三十六里草皮溝屯一百四十里大溝屯一百五十

里楚山泡屯一百六十里德穆利屯一百六十七里爾吉利屯一百七十七里北黄泥河屯一百八十五里横頭泡屯一百九十五里彈弓泡屯二百零五里蒴蒴泡河屯二百一十五里鱴鯱泡屯二百八十里螞蜒河口屯

城西北十二里妙嗃山站屯十三里荒台屯二十七里坑屯四十里小咕嘟河屯五十里大咕嘟河屯五十五里處房屯八十三里鄂勒國木索站屯八十八里八里橋屯九十里施家店屯一百一十里烏斯渾河屯一百五十五里崇古爾站屯一百七十五里小橋子河屯一

百八十里丁家屯二百二十五里富拉琿站屯二百三
十里王家屯二百六十里蕭家屯二百七十里許家屯
二百八十五里泡子沿屯二百八十八里何家窩堡二
百九十里佛斯亨站屯二百九十五里王家大屯二百
九十七里袁家屯二百九十八里劉家窩堡三百里西
王家屯三百零六里詹家屯三百零八里宋家屯三百
一十里藍家屯三百一十二里呂家屯三百一十五里
索倫張江口子屯
城北五里廟爾街十二里徐家屯二十里前岡子屯二
十五里紅石碯子屯二十八里山咀子屯三十里吳家

屯三十七里後岡子屯五十二里林家屯六十里永聚屯八十里四塊石屯九十里克勒奇屯一百二十五里半拉窩集屯一百三十五里三家子屯一百四十里古

穆訥城

城東北十七里巴蘭河口屯二十五里楚勒木屯三十五里翁伏浪屯六十里舒勒河屯八十二里將軍溝屯九十四里朱連屯一百一十里湯汪河口屯一百二十里僧木坑屯一百三十五里黑通河

富克錦鄉鎮附

城東二里嘎爾富新屯七里霍吞吉林屯一百二十七

里圖斯科屯一百三十二里古城一百五十里泥爾博

屯一百七十二里拉哈蘇蘇屯二百里奇奇喀屯

城東南六百餘里畢拉音小河口屯六百五十餘里諾

洛河卡倫屯六百八十餘里阿佈親小河子屯七百里

西佈克里小河子屯七百二十餘里呢喃卡倫屯

城西六里富替新屯十八里古城七十五里安巴河屯

一百三十里喀爾庫瑪屯一百四十五里古城子

城西南二百一十里民里霍呑屯二百五十里蘇蘇屯

城東北二百二十里莫力洪庫屯二百八十五里街津

屯二百九十里科木屯三百里德勒奇屯三百三十里

額圖屯三百五十里阿瑪勒洪屯三百八十里奇納林屯四百四十里富唐古屯五百一十里色勒街庫屯六百八十里科勒木洪庫屯（驛站）

自城西南行五里妙嘴山站六十八里鄂爾國木索站七十二里崇古爾庫站七十里富拉琿站七十三里佛斯亨站接賓州廳界

職官

副都統一員　協領二員　佐領十六員　助教一員

（駐三姓城）協領一員　佐領四員（駐富克錦）

琿春城

沿革

上古三代爲肅慎漢晉爲北沃沮北魏爲勿吉隋唐初爲拂捏靺鞨之南境白山部之東境渤海爲南京南海府沃晴椒三州遼爲博羅滿達勒部金爲率賓路元爲開元路屬境明初爲率賓江穆霞河庚吉音河烏爾琿山額哲密河通肯山阿布達哩河布爾噶圖河西林瑚葉吉朗吉愛丹哈瞻等衛及喀爾岱所後爲窩集部之瑚葉綏芬雅蘭錫琳等路瓦爾喀部之斐優城呼爾哈部之扎庫塔城庫爾哈部

國朝康熙五十三年設協領屬隸於寧古塔副都統光緒七年改設實缺副都統管理各旗户

疆域

東至琿春河及阿吉密河往來路口薩字界牌以東一百三十餘里至分水嶺二百餘里以外俱俄羅斯界西至圖們江朝鮮界二十八里南至長嶺之南三十餘里至黑頂子一百里以外俱俄羅斯界北至五台站寧古塔界二百六十里東南至佛多石嶺五十里至圖們江口長嶺之南土字界牌以東一百餘里至沙草峯一百一十五里以外俱俄羅斯界西南至圖們江一百八十

里至圖們江樸水滙流處長字界牌三百三十里西距
礪字界牌三十一里至圖們江西豆水滙流處礪字界
牌三百六十一里西距帶字界牌三十六里至石乙及
紅丹二水滙流處帶字界牌四百有三里西距山字界
牌二十三里至長坡浮橋南岸山字界牌四百二十六
里西距河字界牌八十八里至石乙及紅土二水滙流
處河字界牌五百一十四里西距固字界牌四十二里
至石乙水河源固字界牌五百四十六里西距湯字界
牌十二里至黄花松甸子盡處溝口湯字界牌五百五
十八里西距金字界牌五里至黄花松甸子頭道溝口

金字界牌五百六十三里西距夏字界牌二十二里至小白山東麓溝口夏字界牌五百八十五里西距華字界牌十五里至長白山東南小白山頂華字界牌六百里以上圖們江界牌之南俱朝鮮界東北至蒙古街嶺啦字界牌以東一百四十餘里至琿春河昂邦畢拉河瑚佈圖河（即烏蛇溝河）三源之分水嶺怕字界牌以東二百一十里至瑚佈圖河口東岸三百八十里以外俱俄羅斯界西北至哈爾巴嶺敦化縣界四百里至瑚珠嶺站寗古塔界二百四十里東西廣二百二十八里南北袤二百九十餘里西北距會城一千一百餘里

天度

緯度北極出地四十三度經度距

京師中綫偏東十四度三十分

山鎮

神仙頂子山城東五十里黑頂子山城南七十五里大

盤嶺城西三十五里高立嶺城西北一百二十里太平

嶺即瑚珠嶺城西北二百三十里鍋盔頂子山城西北

一百九十五里窟窿山城西北二百二十五里小盤嶺

城西北一百三十五里帽爾山城西二百零五里五峯

山城西北二百九十里土門子山城西北三百一十里

哈爾巴嶺城西北四百里富爾嶺城西北四百五十八里秫楷垛山城西北五百四十里章登嶺城西南六百六十二里佛多石山係神仙頂子東麓城東八十里四方頂子山為神仙頂子東北幹城東一百三十里通肯山城東北二百七十里土門子山城北二百里七十二頂子山城北二百里荒山坡山城西北五十里四方台山城西北三百二十里烟集岡城西北一百九十里天寶山城西北二百八十五里廟兒嶺城西北三百里甕圈砬子山城西北三百二十里青龍山城西北三百四十里鳳頭山城西北三百五十六里

水道

琿春河城東門外源出通肯山南流逕至城西南匯諸小河入土們江大瑚佈圖河源出城東北二百二十里通肯山後北流入綏芬河窩占河城西北五十二里源出通肯山之西北山中南流匯諸小河入土們江石頭河城西北九十五里源出通肯山之西北山中西南流入土們江汪清河城西北一百八十五里源出通肯山之西土門子山前麓西流入嘎雅河牡丹川河城西北二百零九里源出四方台山東流入嘎雅河嘎雅河城西北一百二十里源出土門子山北匯諸小河南流入

土們江朝陽河城西北二百十四里源出廟兒嶺東南流滙諸小河入佈爾哈通河廟兒溝河城西北三百二十五里源出四方台山西南流入佈爾哈通河佈爾哈通河城西一百九十里源出哈爾巴嶺東流滙諸河南流入土們江駭浪河城西南三百六十里源出富爾嶺東南流滙諸河水入佈爾哈通河三道溝河城西南三百六十里源出黑瞎子嶺北流而東會二道溝諸河入駭浪河富太河城西四百六十里源出秫稭垛嶺西流至吉林府界入松花江紅溪河城西南四百八十里源出秫稭垛山南流滙諸河水入土們江西豆水河城西

南四百八十里源出朝鮮界內東北流滙諸小河入土們江土們江源出長白山東麓章登嶺坡下東北流至琿春西南滙諸河東流至黑頂子山前南流至朝鮮慶興府東界俄羅斯西界入海

鄉鎮

城東十三里駱駝河屯十八里黑大屯二十里東佛江屯二十二里頭道溝屯二十五里哈達瑪屯三十里荒溝屯三十八里沙金溝屯四十里乾溝屯四十八里二道溝屯五十里老龍口屯八十里瓦岡寨屯八十八里塔子溝屯九十里柳樹河屯九十五里高力營屯九十

八里榆樹川屯一百一十里大墻縫
屯一百三十八里五道溝屯一百七十里土門子河口
屯一百九十里土門子街
城東迤南八里馬圈子屯十一里八丈屯十五里博河
屯二十二里泡子沿屯三十里大紅旗屯三十五里石
灰窑子屯四十五里小紅旗屯九十里葫蘆畢拉屯一
百里大塔子溝屯一百一十里鬧枝溝屯一百二十五
里西北溝屯一百四十五里梨樹溝屯一百六十五里
黑瞎子背屯一百八十五里太平川屯一百九十里馬
台溝屯二百里灣溝屯

城東南五里五家子屯八里靖邊營十里靖邊炮台十
二里小城子屯十五里依蘭哈達屯十八里楊木林子
屯二十里二道河街二十二里東阿拉屯三十里南灣
溝屯四十五里土門子屯五十五里五家子屯七十五
里沙坨子屯八十五里圈兒河屯一百里雲台山屯
城南四里章富屯五里圖老屯八里外郎屯十里南阿
拉屯十二里雅老屯十五里汗道河屯三十里火龍溝
屯三十五里西南崴子屯四十里南山屯裹火龍溝屯
六十五里黑頂子屯七十里屯墾營七十五里五棵樹
屯七十八里靠山屯八十五里蓮花泡屯九十里大肚

川屯九十五里玉泉洞屯一百里伯力墩屯

城西南二十里西步江屯

城西三里二道營屯四里靖邊營五里三家子屯八里西三家子屯十三里下窪屯十五里靖邊炮台十八里東岡子屯二十三里水灣子屯二十里沙坨屯二十八里老渡口屯三十里西歲子屯三十五里高力城屯三十六里大盤嶺屯四十里窰占河屯四十五里荒山坡屯六十七里黑砥塔屯八十里涼水泉子屯九十二里空洞山屯一百里阿什哈甸屯一百一十里大高力嶺屯一百一十五里二高力嶺屯一百二十里下嘎雅河

口屯一百四十五里葦子溝屯一百六十里依蘭溝屯
一百八十里甕圈山屯一百九十九里烟集岡鎮屯迤
南二百一十里八道河子屯二百三十里六道溝屯二
百四十里石門溝屯二百五十里光霽峪屯迤西二百
五十五里和龍峪屯二百六十里五道溝屯二百六十
五里四道溝屯二百七十里八家子屯二百八十里頭
道溝屯二百九十里夾信子屯三百里海蘭河屯三百
一十里三道溝屯三百二十里二道溝屯三百五十里
黑瞎子溝屯三百六十五里外四道溝屯三百八十里
泡子沿屯四百里石洞溝口屯四百二十五里外五道

溝屯四百四十里桃杷溝屯四百五十里外六道溝屯
四百六十里沙家窩堡屯四百七十里腰嶺屯四百八
十里長坡嶺屯四百九十里外七道溝屯五百里姜家
窩堡五百一十里大箕溝屯五百三十五里長山嶺屯
五百五十里紅土河屯五百六十里碧桃花甸屯五百
七十里花松甸子屯五百八十里董家窩堡
城西迤北二百里東大岡子屯二百一十里帽兒山屯
二百三十里馬大嶺屯二百二十五里太平溝屯二百
三十四里官道口屯二百四十五里偏臉城屯二百六
十五里老頭溝屯二百八十里天寶山屯二百九十里

柳樹河屯三百里土門子屯三百一十里榆樹川屯三百二十里小廟溝屯三百三十里青龍山屯三百四十里粮米台屯三百五十里大廟兒溝屯三百七十里城場溝屯三百八十里二道溝屯三百九十里頭道溝屯四百里哈爾巴嶺屯

城西北五里琿春站屯十二里二道溝屯十八里英安河屯二十里老河身屯三十里二道嶺屯四十里哈塘畢拉屯四十五里下漥子屯五十五里窑占站屯六十五里太平溝屯七十五里石頭河子屯九十里大道河屯一百一十里德通站屯一百二十五里和尚嶺屯一

百三十里小二道河子屯一百三十五里高力嶺屯一百三十八里鬧枝溝屯一百四十里新房子屯一百四十五里牛什哈屯一百五十里大坎站屯一百六十里金沙溝屯一百六十三里長嶺子屯一百七十三里五人班屯一百八十里哈順站屯一百九十里白菜溝大屯二百里大肚川屯二百一十里夾皮溝屯二百二十里大柳樹河屯二百二十三里大崴子屯二百二十五里大荒溝屯二百三十五里上嘎雅河渡口屯二百四十里瑚珠嶺站屯迤西二百七十里蛤螞塘屯二百五十里牡丹川屯

城北十里車大人溝屯二十里陰陽河屯三十里後山屯四十五里大青溝屯五十里馬架子屯六十里拐磨子溝屯七十里梨樹溝屯八十里庫丹溝屯九十里梹榔溝屯

城東北五里四間房屯十三里樺樹屯十八里牌樓屯三十里頭道溝屯四十五里二道溝屯五十五里楊木橋屯六十五里外郎溝屯七十里三道溝屯九十里四道溝屯一百一十里西北溝屯一百二十五里五道溝屯一百五十里六道溝屯一百六十五里大土門河屯一百八十里小土門河屯一百九十里紅旗河屯二百

二十里香磨溝屯二百四十里三家河屯二百七十里
老河身屯二百八十里石頭河屯二百九十里太平岡
屯三百里亮家川屯三百二十里鵲至溝屯三百三十
里廟兒嶺屯三百五十里竇姑娘川屯三百七十里八
人班屯三百八十里高力營屯驛站自琿春城站北行
六十里密占站六十里穆克德和站四十五里大坎站
三十八里哈順站接寧古塔界

職官

駐琿春城

副都統一員　協領二員　佐領八員　助教一員

吉林府

沿革

上古三代為肅慎漢晉為扶餘及高句麗之東北境北魏為勿吉及高句麗之東北境隋唐初為白山粟鞂韈渤海為涑州獨奏州東為率賓府之建州西及西南為中京顯德府盧滎湯三州遼為涑州西為率賓府南為長白山部西南為輝發部金為上京會寧府之南境海蘭路之西北境東京咸平路之東境元南及西為咸平路之東境北為開元路屬境明初為額音楚蘇完河烏拉伊罕河瑪延山齊努渾河伊努山阿濟納穆河佛爾

們河伊拉齊河推屯河實山依什羅羅奇塔穆河噶海河伊勒們河鄂山庫勒訥河松阿哩屯齊及窩集色勒所後為烏拉部

國朝雍正四年於吉林烏拉設永吉州隸奉天府尹乾隆十二年罷州改設理事同知屬將軍光緒八年裁同知升為府所屬州一縣一

疆域

東至嵩嶺（即張廣才嶺）敦化縣界二百七十五里西至石頭河子伊通州界二百三十里南至那爾轟嶺圍山界三百餘里北至巴彥鄂佛羅邊門（即法特哈門）外伯都訥廳界

二百一十里東南至慶爾嶺（即[舟咸][舟虎]嶺）敦化縣界三百二十里西南至太陽川伊通州界二百一十里東南至舒蘭荒耘字四牌五常廳界二百餘里西北至小河台邊壕長春府界二百一十里東西廣五百有五里南北袤五百一十里

天度

緯度北極出地四十三度四十七分經度距京師中綫偏東十度零二十七分

山鎮

北山城北門外演武亭北一拉木山又名團山城東南

七里餘尼什哈山又名龍潭山城東十二里温德亨山即望祭山又名小白山城西南九里雅爾呼達山城西二十里伊拉齊山城西九十里巴延博多和山城南二十里阿濟格山城南三十三里佛爾們山城南四十五里老爺嶺舊名那木窩集亦名小烏稽城東一百一十里嵩嶺舊名色齊窩集亦曰大烏稽俗呼張廣才嶺城東二百十二里那爾轟山城南三百里鳳凰山烏拉城東北四十里尖山烏拉城西北四十里額阿哈達峯烏拉城西北四十里錦州哈達山烏拉城北二十五里錦住峯團山均在烏拉東二十三里牛山古路嶺大研子

二百一十里東南至慶爾嶺（即[舟咸][舟虎]嶺）敦化縣界三百二十里西南至太陽川伊通州界二百一十里東南至舒蘭荒耘字四牌五常廳界二百餘里西北至小河台邊壕長春府界二百一十里東西廣五百有五里南北袤五百一十里

天度

緯度北極出地四十三度四十七分經度距京師中綫偏東十度零二十七分

山鎮

北山城北門外演武亭北一柆木山又名團山城東南

七里餘尼什哈山又名龍潭山城東十二里溫德亨山即望祭山又名小白山城西南九里雅爾呼達山城西二十里伊拉齊山城西九十里巴延博多和山城南二十里阿濟格山城南三十三里佛爾們山城南四十五里老爺嶺舊名那木窩集亦名小烏稽城東一百一十里嵩嶺舊名色齊窩集亦曰大烏稽俗呼張廣才嶺城東二百十二里那爾轟山城南三百里鳳凰山烏拉城東北四十里尖山烏拉城西北四十里額阿哈達峯烏拉城西北四十里錦州哈達山烏拉城北二十五里錦住峯圖山均在烏拉東二十三里牛山古路嶺大砑子

山均在烏拉東南三十里猴石山烏拉城南四十里太平山烏拉城西二十里九泉山烏拉西北二十里萬寶山烏拉西北七十里聶瑪什峯烏拉西北四十里弗阿庫山西北三十五里伐土蘭峯老牛星山烏拉城西北五十里

水道

松花江近臨府城源出長白山北流出柳條邊入伯都訥廳界大風門河城西南五十里源出庫魯訥窩集東入温德亨河温德亨河城西南五里源出庫魯訥窩集東北入松花江樺樹林子河城南二百一十里張家灣

河城南九十五里楊木溝河城東南一百里漂河城南
二百五十里折流西北入松花江達應溝河城南一百
五十里北流入松花江岔路河城西南一百二十里源
出奉天圍荒北流入境折流東北入伊勒門河雙陽河
城西南一百九十五里源出暖泉子折流東北入伊勒
門河石頭河城西南二百三十里源出三道溝折流東
北入伊勒門河伊勒門河城西南一百四十里源出庫
魯訥窩集由伊通州東南界北流入境西北流出柳條
邊至長春府界北流入伊通河輝發河城南三百二十
里源出納嚕窩集即大沙河三統河柳河合流處東北

流入松花江小水河城西四十里大水河即遂哈河城西四十五里蒐登河城西六十五里五里河城西南一百三十里横道河城南一百三十里烟筒河城西南二百里拉法河城東南九十六里西北流滙諸河入松花江雙岔河城東九十里苦巴河城東二百一十里沙河子城北十二里溪浪河城北一百二十里木石河城北一百三十里嘎呀河城北一百三十五里波泥河城西北一百二十里

鄉鎮

城東二里岔路口屯八里東團山子屯十五里下達屯

二十里荒山嘴子屯二十五里萬家溝屯三十里小茶
棚屯四十里大茶棚屯五十里江密峯屯六十五里巴
虎屯九十里雙岔河屯一百里額赫穆站街一百三十
里頭道河子屯一百六十里小孤家子一百七十里大
孤家子一百八十里拉法站街一百九十五里龍鳳口
屯二百二十里額勒赫屯二百四十里退摶站街
城東迤南八十五里火盤溝屯一百四十里海青溝屯
一百八十里溝口大屯一百九十里拉法砬子屯二百
二十五里荒地屯
城東南五里昌義屯八里炮手屯二十五里三家子四

十五里大孤家子一百里羅圈溝屯一百二十里横道子屯一百四十里新店一百六十里大八家子一百六十六里小八家子一百六十八里舊街一百七十三里新街一百七十八里水音屯一百八十里蛟河街一百八十五里南荒地屯一百九十里小荒地屯一百九十二里富江屯二百里烏林屯二百二十五里富太河屯二百五十里漂河屯二百八十里大楊樹屯二百九十里金銀窑屯三百一十里寒葱溝屯三百三十里蛇嶺溝屯三百七十里土砬子屯

城東南迤南一百一十里楊木溝屯一百五十里倒木

溝屯一百八十五里蘇爾哈屯一百八十八里大掛旂屯一百九十里代露河屯二百里黑瞎子溝屯二百一十里薩們多河屯二百二十五里六道溝屯二百三十五里太陽溝屯
城南五里嘎字街屯八里馬家屯十五里紅旂屯二十里長屯二十五里蓮花泡屯三十里吳家哨屯四十里蛇嶺溝屯五十里五棒溝屯六十五里蛇嶺溝屯七十五里羊砬子石屯八十五里海浪屯九十里五里溝屯九十六里上三家子九十八里唐家崴子一百一十里小富太河屯一百二十里張家灣子一百四十里大富

太河屯一百六十里涼水河子屯一百七十里響水河
子屯一百八十五里姜家船屯一百九十五里五虎石
屯二百里拉法河口屯二百一十里榆樹崴子屯二百
二十里登潭通屯二百三十里牛槽石屯二百三十五
里半拉窩集屯二百五十里漂河口子屯二百六十里
嘎哈屯二百八十里頭道溝屯二百九十里小加皮溝
屯三百里樺樹林子屯三百一十里穆欽河屯三百二
十里地窨子屯三百三十里壓鹿溝口屯三百四十里

帽兒山屯

城南江西岸六里温德河子屯十二里紅旂屯十五里

小藍旂屯二十里大藍旂屯三十里阿及格哈達屯三十五里桂子溝屯四十里小風門屯五十里雙鳳屯六十里大風門屯八十五里將軍石溝屯九十五里依拉嘎哈屯一百一十里黑瞎溝屯一百三十里富義石屯一百四十五里額河屯一百七十里二十家子屯一百九十里南天門河口屯二百一十里舊卡倫屯二百四十里柳樹河子屯二百四十五里朝陽坡屯二百六十里大鷹溝屯二百八十里大卡倫屯二百九十里蜂蜜砬子屯三百里呢什哈屯

城南江西岸迤西三十五里巴虎屯四十里大屯六十

五里拉古塔屯八十里望旗屯八十八里漂洋屯九十五里孟家屯一百里大葳子屯一百二十五里沙石户屯一百六十里取麻菜河屯一百七十里長山屯一百八十里横道河子官街一百九十里張家窩堡二百三十里金沙河屯二百三十五里三台子屯二百五十里平山屯二百八十里壽山屯三百里輝發河街

城西南五里團山子屯十里榆樹林子屯十六里二道河子屯十八里蘇相公屯二十里馬家屯二十五里邢家店三十里孤榆樹屯三十五里達子溝屯四十二里奶子街四十五里拉拉街四十八里藍旗屯五十里紅

旗屯五十五里鰲哈達屯六十里官馬山屯六十八里靠山屯七十八里官地屯八十五里岡子屯九十六里奚家屯一百里郭番屯一百二十里雙河鎮街一百六十里盧家屯一百七十里杜家屯二百里煙筒山街二百一十八里閻家屯二百四十里呼蘭川屯二百六十里小城子街二百六十五里大興川屯二百九十里營城子

城西南迤西十五里徐家岡子二十二里王相公屯三十里腰三家子四十里吳三家子五十里吳本屯七十里樺樹林子屯八十里將軍碑屯九十里白馬夫屯一

百里五里河子屯一百二十里幌子溝屯一百三十里五家屯一百六十五里五花頂子屯一百九十里山東家子屯二百四十里丁家屯二百六十五里暖泉子屯城西十里歡喜嶺屯十二里張山屯二十里二道嶺屯三十里蕭家店四十里小水河屯四十五里大水河屯五十五里五里橋子屯六十五里蒐登站街八十里伊拉氣街九十里汪家屯一百里二道嶺子屯一百一十里雙橋子屯一百二十里岔路河街一百三十里五里河子街一百四十里伊勒門站街里百五十五里長嶺子屯一百六十里靠山屯一百七十里拉腰子屯二百

里雙陽河街二百一十里蓮花泡屯二百二十里石灰
窑子屯二百三十里石頭河子屯
城西迤北五十五里張花嶺屯七十里楊木林子屯九
十里白棋營子一百里大荒地屯一百一十里馬興屯
一百二十五里花家屯一百四十里後腰屯一百六十
里沙家燒鍋一百七十里宫地屯一百八十里新安堡
街一百九十里方家橋屯一百九十八里姚家城子二
百里二道哈塘屯二百一十里朱家大屯二百二十里
後溝屯二百四十里尖山子屯
城西北十二里廟嶺屯十六里孤家子二十里炮手屯

三十里寇家屯四十里洪托轄屯五十五里柳樹屯五十六里何家窩堡五十八里青松屯六十里五家子六十二里瞿家窩堡六十三里喬家屯七十里樺皮廠街七十二里唐家屯八十里興隆溝屯八十五里徐家窩堡一百里臭李子屯一百一十里孤家子屯一百二十里前央屯一百三十里河南屯街一百四十二里荒山屯一百五十里丁家屯一百五十二里康家屯一百五十五里葦子溝街一百五十八里二道溝街一百六十八里八棵樹屯一百七十里大房身屯一百七十五里八台邊屯

城西北迤西六十五里藍旗屯六十八里官地屯七十里偏臉子店七十五里闊家店八十里楊家大橋九十五里連道灣屯一百里胡家屯一百一十里将軍屯一百二十里唐家屯一百二十八里林家屯一百三十里波泥河子街一百四十里石灰窰子屯一百五十五里董家屯一百五十八里北營城子街一百六十里房家城子一百六十五里四家子屯一百六十八里趙家屯一百七十里范家屯一百七十三里劉家屯一百八十里放牛溝街一百八十八里沈家屯二百零五里馬家頭台二百二十里邢家台二百二十五里小河台

城北江西岸十二里北沙河子屯十五里茶棚屯十八里二道嶺子屯二十三里三道嶺子屯二十八里舊站街三十一里三家子四十里南通氣屯四十八里北通氣屯五十八里哨口屯六十五里聶司馬屯七十五里西門多河屯七十六里三岔口屯八十里打魚樓屯九十里錦州屯九十五里汪家屯一百里博爾河通屯一百一十里冷棚屯一百十五里秋家屯一百三十里下窪子屯一百四十五里哈什瑪屯一百五十里泡子沿屯一百六十里二道溝屯一百七十里江灣屯一百八十里三台邊屯一百八十五里史家大屯一百九十里

四台邊屯一百九十六里黄家邊屯

城北江西岸迤西三十四里頭台子屯四十三里二台子屯四十六里三台子屯五十里高家窩堡五十八里四台子屯六十二里小巴虎屯七十里大荒地街七十五里四十家子屯八十里崔家屯九十里兩家子街一百里窩集口屯一百一十里秋家屯一百三十里木石河街一百四十五里蜂蜜營屯一百五十里段家屯一百五十五里七台木街一百七十里馮家屯一百八十里上河灣街一百八十五里闞家邊屯一百九十里六台邊屯一百九十五里五台邊屯

城北江東岸十三里夷拉罔屯十七里哈達灣屯二十
五里呢什哈站街二十六里棋盤街三十二里大哈達
灣屯三十五里口前屯四十里湯旺屯四十五里金珠
站街五十三里舊屯六十里啞叭屯六十二里萬家屯
七十里打牲烏拉城七十二里舊街七十八里曾家屯
八十五里趙家屯九十里舊站屯九十六里前三家子
一百里後三家子一百一十里黄旂屯一百二十里舒
蘭河街一百二十八里狼窩屯一百三十八里檫爾巴
屯一百四十二里新民屯一百四十五里大白旂屯街
一百五十二里小白旂屯一百六十里西歲子屯一百

六十八里沙坨子屯一百七十三里七里橋屯一百八十里法特哈邊門街一百八十五里五里坡屯一百九十里楊木林子屯一百九十二里黄魚圈屯一百九十八里楊公道屯二百一十里老河身屯

城東北二十五里口前屯街三十二里呼洛街三十七里五家屯三十八里五旂街四十二里金家屯五十里夏大漢溝屯六十里南小荒溝屯七十里前阿勒屯七十五里後阿勒屯八十八里樺樹咀子屯九十五里老邻溝屯一百零四里黄毛屯一百一十里大康家屯一百二十里後缸窰街一百三十五里前缸窰屯一百五

十里潘家東溝屯一百六十里前亮甲山屯一百六十五里後亮甲山屯一百七十二里下窪子屯一百八十三里霍家溝屯一百九十里頭台東大屯二百一十里三道梁屯二百二十里四道梁屯二百三十里衣家溝屯

城東北迤東一百一十里土門子屯一百五十里大葦塘屯一百六十里報馬川屯一百七十五里八道嶺子街二百里小城子街二百二十里黄梁子屯（農字頭牌）東北迤東一百六十里大石頂子屯一百七十里二道河子屯一百八十里搶坡子街一百九十二里大嶺屯

一百九十七里李家窩堡二百零五里謝家窩堡二百
十五里韓家窩堡夫字二牌
東北迤東二百里天城街二百一十里富家屯二百二
十里頭道滴達屯二百三十里二道滴達屯二百三十
八里腰街二百四十里水曲柳岡街二百五十里猥子
洞屯二百六十里青山堡二百七十里趙家屯二百八
十里前開元屯二百八十二里中開元屯二百八十四
里後開元屯三百零五里薛家屯耕字三牌
東北迤東二百四十里太平山屯二百五十里長壽山
屯二百七十里雙岔頭屯二百八十里霍家窩堡二百

九十里靠山屯二百九十五里孫家街三百零五里富河屯三百二十里紅石砬子屯三百三十里歪頭砬子屯三百四十五里白石砬子屯三百五十八里七箇頂子屯三百六十里大青咀子屯三百六十五里金馬駒子川屯耘字四牌

城東北迤東五十里梅家溝屯九十里尤家屯街九十五里荒溝屯一百三十里朱家林子屯一百四十五里乾棒子河屯一百五十五里牛心頂子屯二百里小城子二百五十里開元屯

驛站

自吉林城烏拉站起西行七十里蒐登站七十里伊勒門站五十五里蘇瓦延站

接伊通州界自烏拉站東行九十里額赫穆站八十里
拉法站六十五里退摶站接敦化縣界自烏拉站北行
六十里金珠鄂佛羅站六十里舒蘭河站五十里法特
哈站接伯都訥廳界

職官

知府一員　教授一員　經歷管司獄事一員駐府城

伊通州

沿革

上古三代爲肅慎漢晉爲高句麗北境北魏爲高句麗北境隋唐初爲高句麗渤海爲中京顯德府顯鐵興三州遼爲率賓府及輝發部定安國金爲東京咸平路歸仁玉山二縣元爲咸平府境明初爲塔山奇雅哈河伊敦河拉克山發河等衛後爲輝發葉赫等部

國朝雍正六年由吉林鑲黄正黄二旗移撥佐領二員管理各旗户嘉慶十九年設伊通河分防巡檢光緒八年改設知州管理地方旗民事務並於州治東南一百八

十里磨盤山設分防巡檢十三年裁巡檢改設分防州

同隸吉林府知府管轄

疆域

東至石頭河子吉林府界五十里西至威遠堡邊門奉

天開原縣界二百八十里南至大黑頂子奉天圍山界

三十餘里北至伊通邊門長春府界八十五里東南至

四間房吉林府界四十五里西南至黑瞎子背嶺奉天

圍山界三十八里東北至小河台邊壕吉林府界一百

三十里西北至二十家子邊壕奉天懷德縣界九十五

里東西廣三百三十里南北袤一百一十五里東北至

會城吉林府二百八十里

磨盤山分州疆域附

東至呼蘭河吉林府界八十餘里西至金眼屯奉天海龍廳界五十里南至欒家屯奉天海龍廳界五十里北至小城子封堆吉林府界九十里東南至那爾轟嶺本省圍山界一百九十里西南至亮子河奉天海龍廳界四十里東北至驛馬泊子封堆吉林府界一百一十里西北至大宛屯奉天海龍廳界一百二十里東西廣一百二十餘里南北袤一百四十里西北至伊通州一百八十里東北至吉林府三百六十里

天度

緯度北極出地四十三度四十分經度距京師中綫偏東八度五分距府城緯度偏南七分經度偏西一度三十七分

山鎮

磨盤山城東南一百八十里椅子山城東南一百九十里七箇頂子山城東南二百五十里三箇頂子山孤頂子山牛心頂子山均在城東南二百一十里帽兒山城東南八十里鶯嘴磊子山城南二百四十里窟窿山交界頂子山城東南二百六十里褡連山懸羊磊子山朱

寄山城東南二百七十里船底山城東南三百九十里四方頂子山城東南四百一十里那兒轟嶺城東南五百餘里大黑頂子山城南三十里扇西山城南一百九十里大鍋盔山草面山城南二百二十五里小鍋盔山剛義山城南二百三十里小孤山城西南七十五里萬寶山城西南一百里朝陽山城西南一百三十五里仙人洞山城西南一百九十里龍潭山城西南二百八十里太安山城西南二百九十里大孤山城西三十五里尖山城西北八十里莫里青山城西北四十五里馬鞍山城西北三十里放馬溝山城西北九十里半拉山城

西北一百九十里東尖山城北十二里横頭山城東北三十里黑頂子山城東北四十里大頂子山城東北八十里

水道

赫爾蘇河城西北一百一十里源出奉天圍場界北流入州境受楊樹河大孤山河小孤山河諸水至赫爾蘇邊門入奉天省奉化縣境即遼河上流也二道河城西南一百六十里即占泥河源出奉天圍場北流入境合葉赫河入威遠堡門爲扣河伊通河發源腰水泡會小沙河繞磨盤山北流會伊通河自城東門北流至九台

會雙陽河出邊入長春府界輝發河城南二百五十里
北合大沙河西合柳河南合一統河三通河東北流至
輝法古城名輝法河又東北流受當石河亮子河石鱗
河呼蘭河東爾哈吉爾薩柳樹河諸水南受托心河色
力交哈河報馬子川公必拉法必拉諸水出境入松花
江

鄉鎮

城東一里許郭家屯十里黑達屯十五里均匀堡二十
五里伊巴丹站屯三十二里老爺嶺屯四十里大營子
屯四十五里三家子屯

城東南七里董家屯二十二里土門子屯三十里偏臉子屯三十五里打茶溝屯三十八里新屯四十五里四間房屯

城正南二里竇家屯三里沈家屯八里高家屯十里亮子屯十五里團山子屯三十里大黑頂子屯

城西南五里傅家屯十二里沈家屯二十五里團山子屯

城西三里宋家窪子屯八里興隆店子二十里乾溝子屯三十里大孤山鎮四十六里楊樹河子屯五十六里三道岡子屯六十二里頭道溝屯六十五里莊家屯六

十八里賈家屯七十五里小孤山鎮七十五里瓦房溝屯八十六里安家屯九十五里赫爾赫鎮一百有五里大孤家子屯一百一十里小孤家子屯一百二十五里火石嶺子屯一百四十里十里堡一百五十里英額布占鎮一百六十里橫道河子屯一百七十五里葉赫鎮一百八十五里紅花甸子屯一百九十里楊木林子屯二百里孤榆樹屯二百有五里那洪溝屯二百一十五里北大嶺屯二百三十里蓮花鎮二百三十六里歡喜嶺屯二百四十里茶棚菴二百五十里十里鎮二百六十里前城子二百七十里二道河子屯二百八十里威

邊堡邊門

城西迤北八十五里北大嶺屯九十里老牛會九十五里赫爾蘇邊門一百一十里黄米溝屯一百一十五里程家屯一百一十八里四台大溝屯一百二十里穿心店屯一百二十五里四台子鎮一百二十六里雲盤溝屯一百三十里土門子屯一百三十五里上三台屯百四十里三家子屯一百四十五里劉家屯一百五十五里疙瘩嶺子屯一百六十里三台鎮一百七十里黑塔溝屯一百八十里二道嶺子屯一百八十五里猴石屯一百九十一里艾家溝屯一百九十四里營城街一

百九十六里上三台屯二百里何家嶺屯二百一十五里下二台鎮二百二十里高台子屯二百三十六里葦子溝屯二百五十里石虎子屯二百五十五里長嶺子屯二百六十里靠山屯二百六十二里太安山屯二百七十里沙河子屯二百七十五里臭水甸子屯

城西北八里西尖山屯十四里關家屯三十五里馬鞍鎮四十三里楊家屯五十里房身溝屯六十里莫里青屯六十五里侯家屯六十六里靠山屯七十五里劉家屯八十里趙家屯八十五里岳家屯八十八里放馬溝屯九十里陳家屯九十二里二十家子屯

城西北迤北三十里溝口屯四十五里放牛溝屯五十里丁家溝屯六十里漲滿溝屯八十里景家台九十五里孫家台子九十五里赫爾蘇邊門

城北一里范家屯八里屠戶屯二十里袁家大橋二十五里雙廟子二十六里横道山子屯三十里于家岡子屯四十六里莊家油房六十里勒克山鎮八十里大南屯八十五里伊通邊門

城東北八里東尖山屯十二里霍家店屯十六里毯子房屯二十五里大營子屯二十八里雙榆樹屯三十里成合店五十里夾信子屯七十五里大頂子屯八十里

闞家店八十五里二道哈塘屯九十里奢嶺口子一百
二十里小河台

磨盤山鄉鎮附

城東十五里喜安屯二十五里通順屯四十五里白家
屯六十里富太屯六十五里榆樹屯七十里獨立屯七
十五里朱奇屯八十里呼蘭屯

城東迤南四十里陳家屯六十里亂泥屯七十里點魚
屯八十五里三道岡屯九十里長岡屯一百里承福屯
一百二十里永恩屯一百四十里承恩屯一百六十里
受恩屯一百七十里奉恩屯一百八十五里東夾信子

屯

城東南八里七箇頂子十五里巽山屯二十二里新立屯二十五里長興屯三十里佟家屯三十八里西林屯四十六里黄瓜架溝五十八里申家屯七十里茶餞嶺屯七十三里都林屯八十五里五道溝屯九十四里四道荒溝屯九十六里三道荒溝屯一百里二道荒溝屯一百有五里頭道荒溝屯一百一十里積德屯一百二十五里智德屯一百三十五里大隆屯一百五十里大興屯一百七十里大旺屯

城南八里七箇頂子屯十里林家屯二十五里牛心頂

子屯三十里當石屯三十五里茶条屯三十八里太平屯四十四里盧家屯四十六里茶条葳子屯五十里欒家屯

城西南六里當石河屯十二里寶山屯十八里一步嶺屯二十里常興屯三十里鍋盔山屯四十里亮子屯

城西一里許永安屯八里螞蟻頂子屯十二里占多屯十八里紅土屯二十里拐子坑屯二十五里福安屯三十里黃酒館屯三十五里常安屯四十里大坑屯四十六里泉眼屯

城西北六里仙人洞屯二十里馬鬃屯二十五里太平

屯三十五里興隆屯四十里大安屯五十里德勝屯五十五里横山屯五十八里快等溝屯六十里隆旺屯七十里北占多屯八十里朝陽山鎮九十里平安屯一百里三壕屯一百有五里榆樹屯一百一十里板石廟屯一百一十二里四方台屯一百一十五里平安屯一百一十六里葦皮溝屯一百一十八里廟兒屯一百二十里大宛屯

城北十五里蕎麥楞子屯十八里林家屯二十里治安屯二十三里楊木岡子屯四十五里紅石砬子屯五十里福生屯六十里賈家砬子屯六十五里發科屯七十

里磚崔子屯七十五里吉慶屯七十八里福興屯八十里蛤蟆河屯

城北迤東三十里石磷屯四十里松樹屯五十里永吉屯五十五里馬達屯八十里梨樹屯一百里雙馬架鎮城東北二十里黄瓜屯二十八里水曲柳甸屯四十五里土頂子屯五十里四方屯六十五里老牛屯七十里石河屯七十五里孤家子屯八十里新安屯九十里伊勒門屯一百里向陽屯一百一十里驛馬泊子驛站自吉林府蘇瓦延站入境西行二十五里伊巴丹站六十里阿勒談額墨勒站六十里赫爾蘇站八十里葉赫站

五十五里蒙古霍羅站接奉天開原縣界

職官

知州一員　訓導一員　吏目一員　捕盗營外委一員

駐防旗佐領二員　防禦二員　驍騎校四員俱駐州城

分防州同一員　捕盗營外委一員駐磨盤山

敦化縣

沿革

上古三代為肅慎漢晉為挹婁北魏為勿吉隋唐初為白山靺鞨渤海為率賓府之建州遼為長白山部金為海蘭路之西北會寧府之南境元為開元路屬境明初為建州農額勒赫什赫河等衛後為窩集部之赫席赫路

國朝為鄂多哩城地又名阿克敦城光緒八年設知縣管理地方事務始建城垣於鄂多哩城舊址之西二里許隸吉林府

疆域

東至馬鹿溝寗古塔界一百一十里西至威虎嶺吉林府界一百八十里南至秫稭垛嶺琿春界一百四十里北至洋白山五常廳界一百六十里東南至哈爾巴嶺琿春界一百里西南至帽兒山吉林府界一百二十里東北至都淩河寗古塔界一百四十里西北至嵩嶺（即張廣才嶺）吉林府界二百二十里

東西廣二百九十里南北袤三百餘里西北至會城吉林府五百里

天度

緯度北極出地四十三度十三分經度距
京師中綫偏東十一度三十五分距府城緯度偏南三十
四分經度偏東一度零八分

山鎮

四方台山城東一百一十里哈爾巴嶺城東南一百里
雙廟嶺城南一百一十里稀稭垛嶺城南一百三十里
老嶺岡城西南一百六十里帽兒山城西南一百二十
里雙芽子山城西南七十里土頂子山城西南七十里
三筒頂城山城西南九十里大荒溝山城南七十里紅
石硼子山城西南三十里小青山城西南二十里烏松

砬子城西九十里晾帽頂子山城西北十三里高松樹嶺城西北十七里小觻觟嶺城西北一百一十里慶爾嶺即大觻觟嶺城西北一百八十里嵩嶺即張廣才嶺城西北二百二十里保和山城北一百一十八里長嶺子城北一百一十里太陽咀子山城北一百一十八里洋白山城北一百六十里小白山城北一百二十三里煱盔頂子山城北二百三十里通溝鎮嶺城東北六十里圍山子城東北八十五里二龍山城東七十里大青背嶺城東一百五十五里

水道

大石頭河城西南一百里源出帽兒山東流入牡丹江
黃泥河城西南八十里源出三箇頂子山東流入牡丹
江半截河城西南二十里源出小青山東流入牡丹江
小石頭河城北二里源出烏松磖子東流入牡丹江雷
風氣河城西北八十里源出小平山東流至城北黑瞎
子溝入牡丹江朝陽河城西九十五里源出烏松磖子
東流滙黃泥河入牡丹江大沙河城西一百一十二里
源出烏松磖子北流滙小沙河入臧鯱河小沙河城西
北一百三十七里源出雙石壕溝東流入大沙河臧鯱
河城西北一百一十二里源出烏松磖子東北流滙朱

爾多河入牡丹江黑石河城北八十二里源出觮觥嶺
東流入牡丹江蘇子河城北一百三十五里源出青山
子東流入朱爾多河意氣松河城西北二百一十里源
出嵩嶺東流入朱爾多河朱爾多河城北一百三十里
源出洋白山南流至三岔口入牡丹江額木索河城北
一百四十里源出洋白山南流遶鄂摩和站東南入朱
爾多河岔魚河城北九十里源出團山子西流入牡丹
江都林河城東北一百四十里源出五常廳界小洋白
山南流入牡丹江三道河城東五十八里源出高麗帽
子山東北流入頭道河頭道河城東南七十五里源出

雙廟嶺北流入沙河沙河城東南一百里源出大青背嶺曲折北流至三岔口入牡丹江牡丹江城東南二里源出西南老嶺岡東北流經三岔口滙諸河至寧古塔界入鏡泊湖

鄉鎮

城東二里敖東鄉七里江葳子屯九里葦子溝屯十八里大猪圈屯二十四里涼水泉子屯三十五里頭道梁子屯三十八里黄土腰子屯四十里三合店四十五里沙鎮鄉四十八里二道梁子五十里長春堡六十五里三道梁子七十里沙河沿屯八十里富家亮子屯八十

五里四道溝屯九十里乾溝子屯九十五里夾皮溝屯
一百里二道溝屯一百有五里頭道溝屯一百一十里
馬鹿溝屯
城東南二十五里沙河鎮三十里興隆川三十五里小
石頭河屯五十里三道河子屯六十里南黄土腰子屯
六十五里大石頭河屯七十里孤山子屯七十五里東
涼水泉子屯八十里板橋子屯九十五里天德店
城南十里劉家屯三十五里大石頭河屯四十里李家
屯五十屯萬發溝屯五十五里三道河子屯七十里大
荒溝屯七十五里懷德鄉八十五里頭道河子屯一百

里雙廟嶺屯

城西南三十里太平山屯四十里大興川四十五里城

山屯五十五里牡丹川七十里大牌樓屯八十五里韓

充溝屯九十里三道溝屯一百里小夾皮溝屯一百一

十里四道溝屯一百二十里帽兒山屯

城西五里新立屯十里官屯十二里小石頭河子屯十

八里朝陽屯二十五里四合川五十四里城山鄉六十

里小青山屯七十里朝陽堡八十里小牌樓屯

城西北三十里興隆河屯四十里臭李子溝五十里城

場溝屯六十三里朝陽河屯九十里炮手營一百里宋

家店一百一十里小艔舡嶺屯一百二十里四馬架屯一百三十里黄花松甸子一百四十里大沙河屯一百五十里小沙河屯一百六十里清茶館屯一百八十里

大艔舡嶺屯

城西北迤北五十里小平山屯七十五里牡丹岡屯一百一十里保和山屯一百四十里朱爾多河屯一百五十里樺樹林子屯一百六十里北大秧溝一百七十里義氣松站屯一百七十五里義氣松甸子屯一百七十六里寫集口子一百八十五里黄花甸子一百九十里南天門二百里馬架子屯二百一十里石頭廟屯二百

二十里張廣才嶺屯

城北十五里葦子溝屯二十五里後葦子溝屯四十里橫道河子屯五十里雷風溪河屯六十五里蝦蟆塘河屯八十五里高臘城子九十里黑石屯一百里柳樹屯一百一十里蘇子河屯一百一十五里義氣鄉一百二十里龔家屯一百三十里額穆赫索羅鎮一百四十里十里堡一百四十六里滴達咀子屯

城北迤東四十里馬圈子屯五十五里通溝嶺屯六十五里通溝鎮七十八里四大門屯九十里乂魚河屯一百里江家店屯一百一十二里富海店屯一百一十五

里三岔口屯一百一十八里橋頭屯一百二十五里靠
山屯一百三十二里鳳凰甸子屯一百四十里闞門咀
子屯
城東北十八里水灣子屯二十里前葦子溝屯三十里
後葦子溝屯三十三里北黄土腰子屯四十里孤山子
屯五十里神仙洞屯六十五里前石湖屯七十里黑背
嶺屯七十八里後石湖屯八十里八棵樹屯八十二里
楊家屯八十五里東關鄉八十八里團山子屯九十五
里官地屯一百里柳溝河屯一百一十里小荒溝屯一
百一十五里鷹架子溝屯一百二十里荒溝屯一百二

十五里東江沿一百二十八里小江崴子屯一百三十里黄家屯一百三十五里楊家橋子屯驛站自吉林府退搏站入境東行五十里意氣松站四十里鄂摩和站南行七十里通溝站接寧古塔界

職官

知縣一員　訓導一員　巡檢管典史事一員　捕盗營外委一員俱駐縣城　駐防旗佐領一員　防禦一員驍騎校一員俱駐額穆赫索羅

吉林輿地略卷下

長春府

沿革

上古三代爲肅慎漢晉爲扶餘北魏爲高句麗北境隋唐初爲高句麗之扶餘城境渤海爲扶餘府扶仙二州遼爲東京道之通州賓州湖州渤州祥州金爲隆州境元爲開元路屬境明初爲三萬衛後屬蒙古科爾沁部國朝原名寬城屬蒙古郭爾羅斯前旗游牧地嘉慶五年於長春堡設理事通判名長春廳道光五年移建於此仍舊名同治四年始挖城濠修築木板城垣光緒八年

改理事通判爲撫民通判並增設農安分防照磨十五年裁撫民通判升爲府移農安照磨駐靠山屯十六年又移駐府東北九十里朱家城子悉隸長春府

疆域

東至松花江伯都訥廳界二百八十五里西至白龍駒奉天懷德縣界三十五里南至伊通州邊壕吉林府界五十五里北至兩儀門農安縣界一百二十里東南至望坡山吉林府界二百八十里西南至伊通邊門西奉天懷德縣南伊通州界五十五里東北至紅石砬子松花江伯都訥廳界三百里西北至雙城堡西奉天懷德

縣北農安縣界二百一十里東西廣三百二十里南北
袤一百六十五里東南至會城二百四十里

天度

緯度北極出地四十三度四十六分經度距
京師中綫偏東八度三十八分距省城緯度偏南一分經
度偏西一度四十九分

山鎮

富豐山城西三十五里即巴彥朱爾克山山有兩峯西
屬奉天昌圖府境

水道

松花江由吉林府界出柳條邊至城東南二百八十餘里入境東北流入農安縣界烏蘇圖烏海河源出邊內北流會伊通河入松花江木石河由邊內入境東南流入松花江伊通河由伊通州界出柳條邊北流入境遶府城南東兩面東北流入農安縣界

鄉鎮

城東五里五里堡八里八里堡十二里趙家店十五里于家店二十一里安龍泉屯三十一里興隆溝屯三十八里薛家窩堡四十八里金錢堡五十五里河陽堡街即東卡倫六十五里賈家屯九十里白家歲子一百里郎家

店屯一百二十里龍王廟屯一百三十里朱湖鎮屯一百四十里雙廟子鎮一百五十里三棵樹屯一百六十里新立屯一百六十五里瀋陽窩堡一百六十八里崔家船口屯一百七十五里大青嘴子鎮一百八十里姜家店二百里長嶺子屯二百一十里横道溝屯二百二十五里楊家大橋二百五十里太平溝屯二百六十三里石虎溝屯二百七十里蓮花泡屯二百八十里岔路口屯

城東迤南五十三里賈家店五十五里六家子八十里齊家店一百里瓦銅溝屯一百五十里孫家甸子

城東迤北四十里太平山屯六十里小青嘴屯八十里天吉屯一百里鮑家溝街一百六十五里王家船口二百五十里朝陽堡二百七十五里岔路口街

城東南十五里靠山屯二十五里平安堡三十里楊家店四十里臭水坑屯五十里賈家店六十里西龍王廟屯七十里齊家店九十里高家店一百一十里老燒鍋屯一百三十里狼洞子屯一百五十里空銅溝屯一百七十里葦子溝屯一百八十里梨樹園子屯二百三十里東城子二百五十五里南城子鎮二百七十里馮家店屯二百八十里望波山屯

城南五里蕭家店十五里刁家河口十八里逯家瓦房二十一里三家子二十三里吴家店三十里十里堡三十五里八里堡四十里新立城鎮

城南迤西二里南嶺屯二十里王家店屯三十里孟家堡三十六里五里橋屯

城西南二里西嶺屯五里朱家大屯十五里大房身屯二十五里長春堡三十五里項家店屯五十五里賈家橋屯

城西十里十里堡二十里二十里堡三十五里白龍駒即富豐山屯

城西北一里王瓜溝屯六里杏花村八里大房身屯十
八里樊家店屯十九里廖家油房三十里四間房屯三
十八里紀家粉房屯五十里黄家堡五十五里黄家馬
架屯六十里翁克屯七十五里燒鍋甸鎮八十里五大
户屯九十五里八大泉眼屯一百一十里長嶺子屯一
百一十八里楊家店屯一百二十六里滿家店屯一百
三十五里大青山屯一百四十里二青山屯一百四十
八里土門子屯一百五十八里破夢岡屯一百七十里
雙城堡鎮二百里丁家屯
城西北迤北六十五里郜家店屯一百里朱家大屯一

百一十里放牛窩堡一百三十里馬家窩堡一百五十五里裕通福屯一百九十里朝陽堡二百一十里五道泉子屯二百二十里蓮花山屯二百二十八里五家大屯二百三十五里哈拉溝子屯二百四十一里存金堡二百五十七里龍頭山屯二百六十八里三仙堡屯二百七十七里杏木岡屯三百里十二馬架子屯三百一十二里管家窪子三百二十里宮家柏溝屯

城北一里樂亭屯三里頭道溝屯五里二道溝屯十里四道溝屯十八里吳家店二十里蓋家窩堡二十五里謝家店屯三十三里小城子屯三十八里呂家店屯四

十二里田家窪子四十五里後興鎮五十里庫金堆鎮
五十五里孫家店屯六十里小合隆鎮六十五里小八
家子屯七十里朱家店屯八十里吼拉草溝屯九十里
雙榆樹屯九十八里何家窩堡一百里老成窩堡一百
一十里王家窩堡一百二十里兩儀門屯
城東北八里八里堡二十里梁家店屯三十里太平山
屯三十五里荒山堡四十二里大青咀屯五十里興隆
泉屯七十里萬寶山鎮一百里二十里堡一百一十里
劉家城子一百二十里唐家店屯一百三十里林家店
屯一百四十里郭家屯鎮一百五十五里馬家城子一

百六十五里卜家窩堡一百七十里太平莊鎮二百里
達家溝鎮二百一十七里十二馬架子屯二百三十里
公興隆屯二百六十里老牛道船口屯二百七十里飲
牛坑船口屯三百里紅石砬子屯
城東北迤北三十里曲家窩堡四十八里高家店屯六
十里江家店屯七十五里七馬架屯八十五里朱家店
屯一百一十里朱家城子鎮一百四十里雙山子屯一
百六十五里臥虎泉屯一百八十里洪家亮子屯一百
八十七里坎子屯一百九十二里夏家店屯二百二十
里大房身屯 驛站無

職官

知府一員　教授一員　經歷管司獄事一員俱駐府城

分防照磨一員駐朱家城

農安縣

沿革

上古三代為肅慎漢晉為扶餘北魏為高句麗北境隋唐初為高麗扶餘城渤海為扶餘府境遼為上京道之長春州東南境東京道之龍州黄龍府益州威州勝州金為上京之隆州東京之泰州元初為開元路治後為開元路屬境明初為三萬衛後屬蒙古科爾沁部

國朝為金隆安府舊城後蒙古郭爾羅斯部游牧地光緒八年始設分防照磨屬長春廳管轄十五年改設知縣隸長春府

疆域

東至紅石磖子松花江伯都訥廳界一百二十里西至麋子厰蒙古郭爾羅斯公界二百一十里南至兩儀門長春府界二十里北至張家店蒙古郭爾羅斯公界九十里東南至常家店長春府界十五里西南至八寳户屯長春府界一百八十里東北至八里營子松花江伯都訥廳界一百三十里西北至夏家窩堡郭爾羅斯公界一百二十五里東西廣三百三十里南北袤一百一十里東南至長春府一百四十里

天度

緯度北極出地四十四度三十五分經度距
京師中綫偏東八度四十八分距省城緯度偏北四十八
分經度偏西一度三十九分距府城緯度偏北四十七
分

山鎮

紅石砬山城東一百二十里青山口城東一百三十里
太平山城西一百二十里朱克山城西一百里龍頭山
城西南九十里

水道

松花江城東一百三十里由長春府界入境北流經紅

石砑山東北至青山口出境入伯都訥廳界伊通河城東南二百里由長春府界東北入境受新開河東流入

松花江新開河城東南二十里由靠山屯東流入伊通

河

鄉鎮

城東四里兩家子屯十四里榛柴岡屯十七里好來寶

營子三十五里拉拉屯六十五里萬金塔鎮七十里孤

榆安屯八十里紀家店屯九十五里靠山屯鎮一百零

五里拉馬營子一百二十里江南鎮

城東南十里常家屯

城南五里温家岡屯八里六間房屯十五里二道岡屯二十里兩儀門屯

城西南二十里白家岡屯二十二里長山堡三十里太平嶺屯三十五里老邊岡屯三十八里華家橋屯四十里齊家窑四十八里老龍地屯六十里杏水窩堡八十五里新開河屯一百里榛柴岡屯一百一十里柳條泉子屯一百一十五里趙八虎屯一百三十里龍鳳山屯一百六十里黑泉眼屯一百七十里拉拉屯一百八十里八寶户屯

城西五里五里界屯八里八里莊十二里小橋子屯二

十里狼洞子屯二十八里天成店屯四十里白家岡子四十五里雙山子屯六十里巴家壘鎮七十三里凹中高屯八十五里白土崖子屯九十里對龍山屯九十五里龍王廟屯一百里龍頭山屯一百二十五里太平山鎮一百四十里三節地屯一百六十里三仙堡屯一百七十三里六家子屯一百八十里寸金堡二百里六馬架屯二百一十里糜子廠屯

城西迤北九十里偏臉子屯一百一十里伏龍泉屯一百二十里吳家大屯一百三十里沈家窩堡一百六十里安家窩堡一百八十里蒙古屯二百里朱克山屯二

百一十里團山子屯
城西北十五里麒麟山屯二十五里放牛溝五十里江
東窩堡六十里架克蘇台鎮七十里臉子屯八十里石
頭岡屯九十里安躭窩堡一百里白土崖子一百一十
里温德溝屯一百二十里波羅甸子屯一百二十五里
三青山屯一百三十里夏家窩堡
城北八里八里堡二十里興隆鎮三十里火石嶺子屯
四十五里大窪屯六十里哈拉海城子鎮八十里潘家
窩堡迤西富餘溝屯八十五里大韓家房屯九十里張
家店屯

城東北五里五里界屯二十里北兩家子屯二十五里雷家店屯三十五里舊城基屯五十里葦子溝屯六十里高家店鎮六十三里太平橋屯七十五里蘇家坨子屯八十里黄花岡屯八十五里富莊台屯九十里財神廟屯九十五里大榆樹屯一百里卜魁溝一百一十五里鴨兒汀屯一百三十里八里營子驛站無

職官

知縣一員　訓導一員　巡檢管典史事一員　捕盜營外委一員俱駐縣城

伯都訥廳

沿革

上古三代為肅慎漢晉為扶餘北魏為勿吉隋唐初為伯咄靺鞨渤海為扶餘府境遼為東京之寧江州及達嚕噶部金為上京肇州元為開元路境明初為三萬衛後為三岔河衛後屬烏拉部

國朝原名孤榆樹屯雍正五年於伯都訥城設長寧縣隸奉天府尹乾隆元年罷縣改州同十二年裁州同以舊縣地屬吉林理事同知設巡檢一員二十六年裁巡檢改設蒙古理藩院委署主事嘉慶十六年裁委署主事

改設理事同知增設巡檢二員分駐伯都訥孤榆樹光

緒八年改理事同知爲撫民同知移孤榆樹屯改原設

巡檢爲伯都訥分防巡檢隸伯都訥廳

疆域

東至拉林河即蘭凌河五常廳界六十里西至松花江農安

縣界三百六十里南至巴彦鄂佛羅邊門外荒山嘴子

吉林府界九十里北至拉林河雙城廳界八十里東南

至凉水泉子屯吉林府界一百二十里西南至松花江

紅石磖子長春府界七十里東北至拉林河五常廳界

一百里西北至拉林河雙城廳界一百里至松花江之

三江口北黑龍江呼蘭廳界西蒙古界四百里
東西廣口百二十里南北袤一百七十里南至會城二
百七十里

天度

緯度北極出地四十四度四十三分經度距
京師中綫偏東一度零二十八分距省城緯度偏北五十
六分經度偏東一分

山鎮

萬壽山廳東五十里青頂子山廳東五十里團山子廳
東南五十餘里龍頭山廳東北三十里牛頭山廳東北

六十里雷霆山廳北六十里珠爾山廳西北一百二十
里鷹山廳西三百里

水道

松花江自廳南巴彥鄂佛羅邊門入境西北流至嫩江
口復折而東流入賓州廳界拉林河由五常廳流入廳
境東南又折而北流入雙城廳界卡岔河源出東南亮
子山北流至牛頭山滙廳屬諸小河入拉林河

鄉鎮

廳東十里新橋屯十五里紀家橋屯二十里劉家屯二
十五里于家橋屯二十六里城子屯三十五里楊樹林

子屯四十里後復興屯四十五里古井子屯五十里大房身屯五十二里向陽泡鎮五十五里雙窩堡屯六十里五家窩堡

廳東南十二里王家屯三十里卡岔河屯三十五里九富屯四十里朝陽屯五十里孤井子屯五十二里二道河子屯五十五里小新立屯六十五里雙廟子屯七十里興隆鎮八十里土橋子鎮八十五里四十戶屯九十里義合屯一百里長發屯一百二十里涼水泉子屯

廳東南迤南四十里馬瞎子屯五十里大新立屯鎮六十里長嶺子屯七十里下八家子屯七十二里黑林子

鎮七十五里兩家子屯七十八里柞樹林子屯八十里
太平川屯八十五里老邊屯八十八里謝家屯九十里
泥鰍溝屯九十五里老廟口屯一百里趙家屯一百一
十里老爺嶺屯
廳南十里興隆店十五里五間房屯十八里胡家屯三
十里馬家窩堡三十五里馮家屯四十五里和尚窩堡
五十里周娘娘屯五十五里懷家窩堡五十八里王卯
屯六十里炮手屯七十里安家窩堡七十五里營城子
鎮八十里荒山咀子屯
廳南迤西二十里四間房三十里柳河溝子屯四十五

里高家窩堡五十里後溝屯五十五里耿家窩堡六十
五里大坡鎮七十里登伊勒哲庫站街七十二里老媽
屯七十五里腰甸子屯
廳西南十五里十家子屯二十五里六家子屯二十八
里閆家屯鎮三十五里張奎燒鍋四十里楊木匠屯五
十里四吉溝屯五十六里白家店屯五十八里左家窩
堡六十里于家寨屯六十六里高家店屯六十八里榆
樹大屯七十里五棵樹鎮七十二里白家店屯七十四
里卡路河屯七十五里紅石砬子屯
廳西南迤西四十里西北地屯六十里栢家屯七十里

水飯屯七十五里畢家堡八十里頭道溝屯九十里盟
温站街九十五里白土岩子屯一百里老牛道屯一百
一十里八家窩堡一百二十里小五棵樹屯一百二十
五里莫力庫屯一百三十里飲牛坑屯一百三十二里
八家子屯一百三十五里半拉城子屯一百四十里小
孤榆樹屯一百四十五里快活林屯一百五十里西紅
石砬子屯
廳西十里新民屯十八里拉拉屯三十里孫家窩堡四
十里雙井子屯五十里耿家屯五十五里長發屯六十
五里萬發屯七十里興隆屯七十五里水合屯八十里

四家子屯九十里大房身屯一百里北隆威屯一百一
十里那家窩堡一百一十五里達子營一百二十里七
家子屯一百二十五里朝陽屯一百二十八里于家屯
一百三十里二十家子屯一百三十五里曹家窩堡一
百四十里陶賴昭站街一百四十五里鮑家屯一百五
十里大三家子街一百五十五里六家子屯一百六十
五里三棵樹屯一百八十里舊官地屯一百八十五里
榆樹林子屯一百九十里遜扎保站街二百里達子溝
屯二百有五里李家崴子屯二百一十里孟家崴子屯
二百一十五里田家崴子二百一十八里蓮花泡屯二

百二十里大孤家子屯二百二十五里網戶搭屯二百三十里浩乞站街二百四十里太平川屯二百五十里興隆堡二百五十五里十里樹屯二百六十六里卜家屯二百六十八里茶棚屯二百七十里官地屯二百七十五里魏家窪子屯二百八十里舍哩站街二百八十五里深井屯二百九十里小富康屯二百九十五里額勒庫屯二百九十八里小官地屯三百里大富康屯

廳西迤北七十里董家屯一百里弓棚子鎮一百一十里太平嶺一百一十五里雙井子屯一百二十里蘇家窩堡一百二十五里王家屯一百三十里杜家平房一

百三十五里趙家窩堡一百四十里石頭城子鎮一百
四十五里方家燒鍋一百五十里榆樹溝鎮
廳西北迤西一百五十五里榆樹屯一百六十里婁家
屯一百六十五里西八家子屯一百七十里萬發屯一
百七十五里王家屯一百八十里六里屯一百九十里
萬家屯二百三十五里孤店屯二百四十五里雷發屯
二百五十里池家窩堡二百六十五里前三家子屯二
百七十五里桑家窩堡二百八十五里前朝陽屯二百
九十五里楊家窩堡三百里大富達蜜屯三百有五里
陳家窩堡三百一十里善家霍羅屯三百一十五里戴

家窪子三百一十六里小富達蜜屯三百二十五里東三家子屯三百三十里宫屯三百三十五里小城子街三百四十里大雅達琿屯三百四十五里靠山屯三百五十里老燒鍋屯三百五十五里敖家村三百五十六里兩家子屯三百五十八里小雅達琿屯三百六十里

伯都訥城

廳西北十二里獾子洞屯二十里楊樹溝屯三十里八岔溝屯四十里興隆屯六十里北朝陽屯七十五里老牛溝屯一百里八號荒鎮一百一十里馬家窪子屯一百二十里葦塘溝屯一百五十里柞樹岡屯一百八十

里伊家店一百八十五里四方台屯一百九十里達子營一百九十五里長春堡鎮一百九十八里萬興屯二百里隆科城二百一十里瀋陽堡二百一十五里袁家堡二百二十里長春嶺屯二百四十里四合堡二百六十里五里坨子屯二百七十里蒙古卡倫屯二百八十里新店屯二百八十五里大發屯二百九十里苗威屯二百九十三里孤店屯三百二十里雙堆子屯三百二十五里李家荒屯三百三十里大房身屯三百三十五里大窪屯三百四十里馬家窩堡三百四十五里十家子屯三百五十里達子屯三百五十五里素勒屯三百

六十里潘家窩堡三百六十五里一棵桃屯三百六十
八里小溪浪河屯三百七十五里大溪浪河屯
廳西北迤北二百二十里伊家屯二百三十里水師營
屯二百四十里加靖溝屯二百四十五里岱吉屯二百
五十里土什吐屯二百六十五里郎吉屯二百八十里
達胡哩屯二百九十里嘎爾奇屯三百里孤家屯三百
一十里哈斯罕屯三百二十里土默街三百二十五里
班達爾什屯三百二十八里拉拉屯三百三十里依哩
丹屯三百四十里中哈士屯三百四十五里哈郎德屯
三百五十里查哈爾屯三百五十五里希伯屯三百五

十八里拉瑪屯三百六十里索倫屯三百六十五里八家子屯三百六十八里北岡子屯三百七十里羅斯屯三百八十里伯都訥站屯三百八十五里爪爾察屯

廳北十五里老邊屯二十五里興隆溝屯三十二里偏臉子屯四十五里岳家屯五十里卡倫站街六十五里喬家屯七十里大嶺鎮

廳東北二里金家屯五里商家窩堡十八里巴家屯二十里鄉約屯二十五里孫家屯二十八里團林子屯四十里卡倫屯四十二里舊窑屯四十八里董家屯六十里藍家溝六十五里懷家溝六十八里北崴子屯七十

里大葳子屯七十五里藍旗屯八十里灰菜溝屯八十五里青山堡鎮一百里牛頭山屯

驛站

自吉林府法特哈站入境北行五十里登伊勒哲庫站西北四十里盟温站六十里陶賴昭站六十里遜扎保站三十五里浩色站六十里社哩站七十里伯都訥站北接黑龍江界

自登伊勒哲庫站東北行八十五里蒙古喀倫站接五常廳界

職官

同知一員　訓導一員　管獄巡檢一員俱駐廳城　分防巡檢一員駐伯都訥城

副都統一員　協領二員　佐領十二員　防禦八員

驍騎校十二員　助教一員俱駐伯都訥城

賓州廳

沿革

上古三代為肅慎漢晉為挹婁北魏為勿吉隋唐初為安車骨靺鞨渤海為上京屬境遼為女真部金為上京會寧府元為合蘭府境明為費克圖岳希阿實等衛

國朝原名葦子溝光緒六年預築土城八年設撫民同知管理地方旗民事務並設分防巡檢駐廳東南二百四十里燒鍋甸子隸賓州廳

疆域

東至螞蜒河方正泡三姓界三百里西至廟台子溝雙

城廳界一百九十里南至帽兒山五常廳界二百里北至松花江黑龍江呼蘭廳界三十五里東南至亮子河甯古塔界三百餘里西南至古城店雙城廳界一百八十里東北至擺渡河口一百六十八里至黃魚圈一百八十里俱三姓界西北至東馬厰甸子黑龍江呼蘭廳界一百里

東西廣四百九十里南北袤二百二十里西南至會城六百三十里

天度

緯度北極出地四十五度五十三分經度距

京師中綫偏東十一度五分距省城緯度偏北二度六分
經度偏東三十八分

山鎮

廟爾嶺城東十二里土頂子山城東五十三里盤槍嶺
城東七十二里虎頭山城東七十里廟兒嶺城東一百
二十三里大土頂子城東一百三十里高麗帽子山城
東一百三十里腰嶺子城東一百六十里大磖子俗名
夾板石城東一百八十里白石磖子城東北一百六十
五里歪頭磖子又名桃兒山城東二百一十里八里岡
城東二百一十五里太平山城東二百六十五里四合

頂子山城東南三百一十九里元寶山即元寶頂子城東南二百八十七里大青山城東南三百四十一里一面坡山城東南三百八十二里帽兒山城南二百四十八里白石礶子山城西南二十二里大分水嶺城西南一百四十五里小團山城西北二十七里大團山城西北七十二里長嶺子城西一百七十五里半拉山城北四十二里

水道

海哩渾河城東六里源出石洞山北流經廳城東北流會諸河西北流至半拉山入松花江馬蛇子河城東三

十七里源出東駝腰子曲折北流入松花江枷板河即扎風蘭河城東七十里源出大青背即愛興阿山曲折北流會石洞河恒道河西流入松花江恒道河城東一百六十里源出東分水嶺西北流至虎頭山以南入枷板河淘淇河城東一百四十里源出大土頂子西北流引馬鹿溝河入松花江擺渡河城東一百四十里源出高麗帽子山曲折北流入松花江涌子河城東二百三十五里源出歪頭磩子東流引諸河水入螞蜒河黑河城東二百二十里源出萬寶山經八里圖東北流入松花江黃泥河城東二百四十里源出東老嶺西北流入

螞蜒河東亮子河城東二百五十四里源出螞蜒河大嶺曲折北流而西引諸河水入螞蜒河金坑河源出闕門咀子曲折西北流入螞蜒河黄玉河又名黄米河源出大青山北流引諸河水入螞蜒河大柳樹河源出歪頭磖子東流入螞蜒河大林河源出歪頭磖子東流入螞蜒河金沙河源出楊木頂子東南流入螞蜒河柳樹河子源出分水嶺曲折東流入螞蜒河大沙河源出二十五箇頂子一面坡東曲折東北流入螞蜒河倭沙河源出煱盔頂子北流入螞蜒河養魚池河源出螞蜒嶺西坡下西流入螞蜒河螞蜒河城東二百五十里源出

螞蜒窩集老嶺西北坡下曲折西北流引大小諸河入松花江烏兒河城西北二十七里源出小團山北流入松花江蜚克圖河城西六十二里源出楊古林嶺前嘉松阿山後西北流引諸河水經蜚克圖站北流至老山頭西入松花江小猞狸河源出烟筒磩子曲折西北流入蜚克圖河大石頭河源出小分水嶺西南流入阿什河頭道河源出大分水嶺東南流會二三四道河至元寶頂子入阿什河大黄泥河源出帽兒山西北流入阿什河小黄泥河源出帽兒山西北流入阿什河大海溝河源出大分水嶺引諸河水北流會小海溝河入阿什

河小海溝河源出紅石磖子西北流入大海溝河新開

口河源出樺皮川東流至馬鞍山入阿什河葦塘溝河

源出長嶺子西流遶趙家崴八里出境入雙城廳界甬

子溝河源出雙城廳屬拉林界内甬子溝嶺哨達户山

西北流至馬鞍山入阿什河阿什河城南一百三十里

源出帽兒山曲折西北流引大小諸河水至阿勒楚喀

遶城東北復西流會諸河入松花江

鄉鎮

廳東五里葦子溝八里大馬架子屯十二里廟兒嶺屯

二十七里黑瞎溝屯三十里丁家店三十三里色樹岡

子屯五十里空心溝五十五里白旗屯六十二里枷板站街十八里盤槍嶺集七十里興利屯七十二里蔭子屯七十四里炮手屯七十六里合章屯一百一十三里北淘淇屯一百一十五里高力帽子嶺一百三十里魏銀匠屯一百五十里萬福廣屯二百一十里向陽川集二百二十里萬合義屯二百三十里南天門街二百五十里腰口子屯

廳東南迤南二十里駝腰子屯三十二里三岔河屯五十五里腰營六十五里楊木橋子一百一十里鴨子溝一百五十五里腰嶺屯一百六十里萬人愁川一百七

十里魏家店一百八十里甬子溝屯一百八十五里周
家店一百九十里張家窩堡一百九十五里二道河子
屯二百里孫家店二百一十里三道河子屯二百二十
里劉家店二百二十五里八里岡子二百三十里南天
門鎮二百五十里北口子屯
廳東迤南十五里頭道河子屯四十里三岔河屯五十
里馮家店六十里天發元屯六十八里老營鎮七十里
鴨子圈屯七十五里德昌永屯七十八里何昌屯八十
里大溝張屯八十五里小溝張屯九十里崇家窩堡九
十五里火燒屯一百里源畝源屯一百一十里劉家溝

一百一十五里小三姓屯一百二十五里天發全屯一百三十里孟家溝一百三十五里南陶淇屯一百四十里腰陶淇屯一百五十里柏家屯一百七十里張家營二百里大林河屯二百一十里大歲子屯二百二十里大柳樹河屯二百二十五里益升堂屯二百三十五里劉家店二百四十里馬家油房二百四十五里三合堡二百六十五里復興和屯二百七十里拉拉屯二百九十里黃泥河集

廳東南十二里小古城十八里江西溝屯四十里腰三岔河屯四十五里東三岔河屯五十里元寶河屯五十

五里土頂子山屯六十里曹家店七十里楊木橋子八十里王家店九十里遼陽溝屯一百二十五里梨樹溝屯一百四十五里槽家溝屯一百六十里陳家營一百七十里王家營一百八十五里徐家店二百里趙家店二百一十五里曲家窩堡二百二十五里仁合公屯二百二十八里蝺蜓河鎮二百四十里平安堡二百四十八里古城子二百五十里阜安屯二百七十五里央信子屯二百八十里金沙泡屯三百里老會房三百一十里石家營三百二十里孫家營三百二十五里平安堡三百三十里蕭家營

廳南十里五道林子二十五里秦家窩堡三十里于家
窩堡四十里楊古林嶺屯五十里左家五五十三里腰
營屯六十里箭桿溝七十里李家店八十里王家店八
十五里清宮集一百里八里川一百一十里半截河屯
一百二十五里二道河子屯一百三十里分水嶺屯一
百三十五里鶯咀砬子屯一百四十里太平川一百五
十五里三道街集一百五十八里老道溝屯
廳西南二十五里白石砬子屯二十八里泉眼河屯四
十五里柳樹河屯五十里西溝屯六十里茂石河屯六
十七里大海河溝屯七十五里麯房屯八十里小海河

溝屯八十五里碾子溝屯九十里砬子溝屯九十五里
張家店九十七里官地屯一百一十里腰溝屯一百二
十里二層甸子屯一百二十三里王家店一百三十里
溝達子咀屯一百三十五里牛問嶺屯一百四十里王
家窩堡一百四十八里蛤螞河屯一百六十里朝陽溝
屯
廳西南迤西五十里草厰河屯六十七里小貉狸溝屯
八十五里楸皮溝屯九十里紅旗屯九十五里廂黄旗
屯一百有五里正黄旗屯一百一十五里廂紅旗屯一
百一十八里八百龍屯一百二十一里廂藍旗屯一百

二十四里八百虎屯一百二十八里三家子集一百三十一里馬家溝屯一百三十二里韓家葳子一百三十三里小老鶴窩屯一百四十里五間房屯一百四十四里白家油房一百四十八里古家屯一百五十二里薩庫哩站屯一百五十三里廂藍旗屯一百五十六里廂紅旗屯一百五十九里正紅旗屯一百六十二里正黄旗屯一百六十八里正白旗屯一百七十一里正藍旗屯一百七十二里張家窩堡一百七十三里八虎張屯一百七十五里張五屯一百七十六里田家店五成店屯一百七十八里王家窩堡屯一百八十里吴家窩堡

一百八十五里廣興莊又振德店一百九十里小房身屯

廳西四里姜家屯十八里馮家店屯二十里高力溝屯二十八里滿家店集三十里結地屯三十三里清茶館屯四十里徐家堡四十八里太平寺屯五十三里三六里屯六十二里蜚克圖站鎮六十五里張家屯七十里椴樹底下屯七十八里荒溝屯八十里廟子屯八十五里正白旗屯八十六里正黄旗屯九十里厢黄旗屯九十四里窪渾河屯九十七里正藍旗屯一百里料甸子屯一百有五里馬家窩堡一百一十五里正白旗屯一

百一十六里平房屯一百一十八里海溝屯一百二十
一里正藍旗屯一百二十五里拉古屯一百二十六里
狢狸屯一百二十九里滿洲屯一百三十一里黄土岡
屯一百三十五里前旗屯一百三十八里後旗屯一百
四十里三門榆屯一百四十八里太平溝屯一百五十
里大老鸛窩屯一百六十里曾家店一百六十五里楊
樹林子屯一百七十里後三家子屯一百七十三里二
道白屯一百八十里前三家子屯一百八十二里四家
子屯一百八十六里闞家屯一百九十里大房身屯
廳西迤北八十五里正白旗屯八十八里廂白旗屯九

十里永增源屯九十三里廂白旗屯九十八里正紅旗屯一百里正藍旗屯一百有三里廂藍旗屯一百有八里南廂藍旗屯一百一十里萬增源屯一百一十三里後進屯一百一十八里廂紅旗屯一百二十二里達子營一百三十里小嘎哈屯一百三十二里楊木林子屯一百三十五里義興泉屯一百三十六里馬家店屯一百四十里趙家崴子一百四十五里大嘎哈屯一百五十里摩拉街一百五十五里福隆興屯一百五十八里靠山寨一百六十二里大騾子屯一百六十六里富家屯一百七十二里葦子溝屯一百七十五里魏家屯一

百八十里孫家窩堡一百八十五里馬家窩堡一百九
十里拉拉屯
廳西北十二里廣興莊屯二十七里小團山屯四十五
里稗子溝屯五十五里樺樹廟子屯六十二里小稗子
溝屯七十五里前懷屯八十五里山河集八十八里大
團山屯九十里四合屯九十五里永隆源屯一百一十
里三合屯一百一十五里發聚窩堡一百一十八里天
發源屯一百二十五里長林子屯一百三十五里恒隆
興屯一百四十里偏臉子屯一百四十五里石人溝屯
一百四十八里荒山咀子集一百五十里馬廠甸子屯

廳西北迤北三十五里烏兒河屯四十二里吉隆屈屯四十五里存善恒屯五十二里小三姓屯六十里朝陽河屯六十二里滿井集七十里太平川屯八十里興隆鎮九十里三岔口集一百里後四合屯一百一十里興隆溝屯一百二十五里横道河子屯

廳北十五里劉家堡十八里房身岡二十里偏臉子屯二十五里萬發屯二十六里孫家屯二十八里楊家大房屯三十里廣太和屯三十五里郜家窩堡三十八里敖家溝屯

廳東北十六里楊木橋屯二十里七寶泉屯二十五里

二道溝屯三十里火燒溝屯三十五里三道溝屯四十
里邰家爐四十五里三棵樹屯五十里猴兒石集六十
二里廣盛德屯六十八里天盛源屯七十五里范家屯
七十八里石家屯八十五里高家屯八十八里黑瞎子
溝屯九十二里姚家屯九十五里楊木林子屯一百里
下甸子屯一百有五里新甸子屯一百一十里小南屯
一百二十里高台子屯一百二十五里萬鹿溝屯一百
三十五里萬福廣屯一百四十里向陽川屯一百五十
里五道葳子屯一百五十五里老西溝屯一百六十里
擺渡河口屯一百七十里張家窩堡一百八十里黄魚

圖屯（驛站）自雙城廳入境三十里薩庫哩站六十五里蜚克圖站七十里葦子溝站六十里色勒佛特庫站（即枷板站）東北接三姓界

職官

同知一員　教諭一員　管獄巡檢一員　捕盜營外委一員（俱駐廳城）分防巡檢一員（駐螞蜓河燒鍋甸子）

副都統一員　協領二員　佐領八員　防禦九員

驍騎校八員　助教一員（俱駐阿勒楚喀城）

五常廳

沿革

上古三代爲肅慎漢晉爲挹婁北魏爲勿吉隋唐初爲安車骨靺鞨渤海爲上京屬境遼爲女真部金爲上京會寧府境元爲開元路境明爲摩琳衛

國朝同治八年於五常堡添設駐防協領一員管理各旗户屬吉林將軍管轄廳治原名歡喜領光緒六年預建土城八年設撫民同知管理地方旗民事務並設分防府經歷駐廳正南六十里山河屯分防巡檢駐廳西南九十里藍彩橋悉隸五常廳

疆域

東至分水嶺寧古塔界三百里西至拉林河伯都訥廳界十二里南至長壽山吉林府界一百里北至莫勒恩河雙城廳界四十里東南至呼蘭川敦化縣界三百里西南至金馬川吉林府界一百里東北至帽兒山賓州廳界二百里西北至拉林河伯都訥廳界三十里

東西廣三百一十二里南北袤二百四十里西南至會省三百六十里

天度

緯度北極出地四十五度二十三分經度距

京師中綫偏東十度十四分距省城緯度偏北一度三十六分經度偏西十三分

山鎮

杏花山城南五里炕檐山城南三十里向陽山城南一百里連環山城東南五十里雲梯山城東南五十五里雲盤山城東南九十里長壽山城西南八十里太平山城東一百里碩多庫山城東一百八十里元寶山城東北一百八十里沙兒山城北三十五里桃爾山城北四十里

水道

榆樹川城南九十里楊樹河城東七十里入拉林河柳
樹河城東三十里入拉林河黄泥河城東南三十五里
入拉林河騰泥河城東六十里大青川城東二百五十
里入大泥河大泥河城東北一百三十里源出拉林山
入莫勒恩河七星泡城南三十五里拉林河源出拉林
山由廳境東南流入伯都訥界冲河城東南一百五十
里黑魚泡城南十里霍倫川城西南二百里蓮花泡城
西南十二里月牙泡城西北十里莫勒恩河城東北四
十里源出拉林山西北流與大泥河會又東流會拉林
河葦沙河城東一百四十里會入大泥河響水河城東

南一百二十里北流入莫勒恩河八道河七道河六道河五道河四道河三道河頭道河俱源出碩多庫山入莫勒恩河

鄉鎮

廳東六里二道岡屯十三里三道岡屯二十四里四道岡屯三十里五道岡屯三十五里六道岡屯四十里柳樹河屯五十里高家屯七十里石廟子屯八十里三十通屯九十里王緒善船口一百里太平山街一百二十里半拉城子一百三十里房身岡子屯一百五十里一棵松樹屯一百七十里老木營屯二百里大青川

廳東迤南七里永發屯十里桃山屯二十里長發屯二十五里斗溝子屯三十里涼水泉子屯五十里金銀庫屯九十里蘭彩橋鎮九十五里太平橋屯一百里馬家船口一百一十里黄粱子屯一百四十里西亮甸子一百六十里門咀子屯

廳東南二十五里靠山河屯三十里連環山屯四十里石灰窰子屯五十里朝陽川五十五里閘門咀子屯七十里小新立屯八十里黄泥河屯九十里蛤螞河屯一百一十里老爺府一百一十里萬寶山屯一百二十里榆樹川屯一百三十里鷄冠砬子屯一百三十五里葳沙河

屯一百五十里九間房一百六十里東亮甸子屯一百七十里北雙城子屯一百七十五里滿天星屯一百八十里南雙城子屯一百九十里大石頭河屯二百里呼

蘭川屯

廳東南迤南一百里向陽山屯一百五十里打牛溝屯一百六十里紅石砬子屯一百七十里刋椽子溝屯一百八十五里沈家營二百里大蔵子屯

廳南四里杏花山屯十二里半截河子屯十六里清茶館屯二十里二道通屯三十里拉林河屯四十里四合號屯五十里山河屯鎮五十五里板廟子屯六十里柳

樹河屯七十里長發屯七十五里魏家店屯八十五里
杜家屯九十里永發屯九十五里五家子屯一百里麻
子屯一百三十里哈啦河屯一百五十里柳樹河屯一
百六十里大石頭河屯一百七十五里四合川屯一百
八十里老黑頂子屯
廳西南十里孟家窩堡二十里團山子屯二十五里老
山頭屯三十里頭道溝屯三十五里二道溝屯五十里
七星泡街五十五里兩家子屯六十里雙河堡屯六十
五里孟家店屯七十里楊家船口屯八十二里界屯一
百里長壽山屯一百二十里四馬架屯一百三十里頭

道坪子屯一百四十里二道坪子屯一百五十里三道
坪子屯一百六十五里六家子屯
廳西南迤西二十五里富春河屯三十里烏泥河屯三
十五里六道岡子屯四十里金家店四十四里八家子
屯四十八里小新立屯六十里五道岡子屯
廳西六里下甸子屯十二里蓮花泡屯西北七里半里
城子十里月牙泡屯
廳北五里張家窰屯七里狼窩屯十二里房身岡屯十
五里六家子屯二十五里沙山子屯三十里管家店屯
三十五里五常堡街四十里大發泡屯

廳東北五里太平嶺屯八里城廠溝屯十里沙河子屯十二里太平莊二十里新立屯三十五里拐棒子溝四十里十八里甸子屯四十五里大口面屯五十里二道河街六十里亮子屯七十里亮研子屯九十里萬發街一百里刁家船口屯驛站自伯都訥廳界入境十里五常站西北接雙城廳界

職官

同知一員　教諭一員　管獄巡檢一員　捕盜營外委一員俱駐廳城　分防經歷一員駐山河屯　分防巡檢一員駐蘭彩橋

協領一員　佐領二員　防禦二員　驍騎校四員駐五常堡

雙城廳

沿革

上古三代為肅慎漢晉為夫餘北魏為勿吉隋唐初為
伯咄靺鞨東境渤海為扶餘府屬境遼為東京寧江州
屬境金為上京肇州屬境元為開元路境明為拉林河
衛後為烏拉部
國朝嘉慶十七年於阿勒楚喀拉林西北雙城子地方移
駐京都八旗墾荒十九年以委協領統之管理各旗户
隸阿勒楚喀副都統仍統於吉林將軍光緒八年設理
事通判管理地方旗民事務舊有土城並設分防巡檢

駐廳東南一百一十里拉林

疆域

東至古城店賓州廳界一百三十里西至拉林河即蘭凌河伯都訥廳界一百里南至拉林河伯都訥廳界四十里北至松花江黑龍江呼蘭廳界一百二十五里東南至莫勒恩河五常廳界二百里至帽兒山賓州廳界三百里西南至拉林河伯都訥廳界一百二十里東北至田家燒鍋賓州廳界一百九十五里西北至松花江黑龍江呼蘭廳界一百六十里

東西廣二百七十里南北袤一百六十五里南至會城

五百里

天度

緯度北極出地四十五度四十分經度距

京師中綫偏東九度二十分距省城緯度偏北一度五十

三分經度偏西一度七分

山鎮

圍山城東一百八十里雙山子城東北一百八十里帽

兒山城東南二百里馬鞍山城西北一百四十里

水道

拉林河城北一百一十里源出拉林山由廳屬東南入

境西北流入松花江阿什河城東南一百六十里由賓
州廳界西流入境經廳境北流入松花江莫勒恩河由
五常廳西流入境會拉林河北流入松花江松花江由
廳屬東流入境又東北流入賓州廳界

鄉鎮

廳東十里許家店三十里正白旗三屯三十二里正白
旗二屯三十五里正白旗頭屯四十里正白旗四屯四
十二里正白旗五屯四十五里韓家窩堡五十里後三
家子屯六十五里東所七十里王似玉屯八十五里周
家窩堡九十里古家窩堡一百里後三家子屯一百一

十里安家窩堡
廳東迤北三十里廂黄旗三屯三十五里廂黄旗頭屯
三十六里廂紅旗二屯四十里廂黄旗四屯四十六里
廂黄旗五屯五十六里趙家窩堡七十里半拉山屯八
十五里何家溝屯一百里蘇家屯一百一十里趙家葳
子屯
廳東迤南十八里丹城子二十八里廂白旗二屯三十
里廂白旗三屯三十三里廂白旗頭屯三十八里廂白
旗五屯四十里廂白旗四屯五十里鍾家店屯五十五
里前九家屯六十五里六家子屯七十里温家店屯八

十里馬架子屯九十里八家子屯九十五里韓家窩堡
一百里華家窩堡一百一十里孤家子屯一百二十里
箭桿子窩堡一百二十五里吳家窩堡一百三十里前
三家子屯
廳東南二十五里八棵樹屯三十五里于家燒鍋四十
里正藍旗二屯四十三里正藍旗三屯四十五里正藍
旗頭屯五十里正藍旗五屯五十三里正藍旗四屯五
十五里廂藍旗二屯五十八里廂藍旗三屯六十里廂
藍旗頭屯六十五里廂藍旗五屯六十八里廂藍旗四
屯七十里廂白旗二屯七十三里廂白旗三屯七十五

里廂白旗頭屯八十里廂白旗五屯八十三里廂白旗
四屯八十五里正白旗二屯八十八里正白旗三屯九
十里正白旗頭屯九十三里轉心湖屯九十五里正白
旗五屯九十八里正白旗四屯一百里四家子屯一百
有五里獾子洞屯一百有七里廂黄旗二屯一百一十
里廂黄旗三屯一百一十二里廂黄旗頭屯一百一十
七里廂黄旗五屯一百二十里廂黄旗四屯一百二十
五里東華家窩堡一百二十七里勳家窩堡一百二十
八里張達屯一百二十九里靛池窩堡一百三十里王
家窩堡一百三十二里藍旗屯一百三十三里三道溝

屯一百三十五里拉林城一百三十八里林家窩堡一百四十里王家窩堡一百四十五里閻家窩堡一百四十八里戴家窩堡一百五十里紅旗岡子一百五十五里樺皮川屯一百五十八里柳家窩堡一百六十五里曾家橋屯一百七十五里涼水泉子屯一百九十里郜家岡子一百九十五里新立屯二百一十里周倉店屯二百二十五里武家窩堡二百四十五里八家子二百五十五里西山堡二百七十里孫家店屯二百八十五里侯家渡口

廳東南迤南三十五里朱公屯四十里永發屯四十五

里孫家灣五十里謝家屯五十五里窩上屯六十里同發號屯六十八里金錢屯七十三里王家屯七十八里白家屯八十五里郭家屯九十里黄家屯九十三里平台子屯九十六里熊家屯一百里顔家店屯一百有五里三合店屯一百一十里天茂店屯一百一十八里小山子屯一百二十五里紅旗屯一百三十里孤家子屯廳正南十里南站屯十八里獨一處屯三十里靠山屯三十五里鄧家屯三十六里喬家店屯三十七里房身泡屯三十八里魯家店屯四十里車家城子廳南迤西二十里王花屯二十三里金子屯三十里吳

家屯三十五里榆樹林子屯三十八里山咀子屯四十

里大溝屯

廳西南十五里廂藍旗五屯十八里廂藍旗二屯二十

里廂藍旗頭屯二十三里廂藍旗四屯二十五里廂藍

旗三屯二十七里三家窩堡二十九里三姓屯三十里

廂藍旗五屯三十三里廂藍旗二屯三十五里廂藍旗

頭屯三十八里廂藍旗四屯四十里廂藍旗三屯四十

三里姜家窩堡四十五里廂紅旗五屯四十八里廂紅

旗四屯五十里廂紅旗頭屯五十三里廂紅旗二屯五

十五里廂紅旗三屯五十六里申家窩堡五十八里姜

家崴子屯六十里正紅旗五屯六十三里正紅旗四屯
六十五里正紅旗頭屯六十八里正紅旗二屯七十里
正紅旗三屯七十二里花園屯七十五里張家崴子屯
七十八里王亮子屯八十三里小房身屯八十八里大
馬架子屯九十里高家窩堡九十三里韓家店屯九十
五里周家屯九十六里小馬架子屯一百里公威號屯
一百有五里北小房身屯一百一十里大房身屯
廳西十里廂紅旗五屯十三里廂紅旗四屯十五里廂
紅旗頭屯十八里廂紅旗二屯二十里廂紅旗三屯二
十五里霍家燒鍋三十三里姜家窩堡三十六里卡頭

鋪屯三十八里王家窩堡四十里張家窩堡四十五里八家子屯五十里溪家燒鍋五十五里九家子屯五十八里火燎闊子屯六十里何家窩堡七十五里雙山子屯七十七里馬登燒鍋七十八里正黄旗五屯八十一里正黄旗四屯八十三里正黄旗頭屯八十八里正黄旗二屯九十一里正黄旗三屯九十三里興隆溝屯九十五里王永屯九十八里劉家窩堡一百里朝陽堡一百有五里善家窩堡一百一十里馬架子屯一百一十五里三家子窩堡一百一十八里張家窩堡一百二十里閔家屯一百二十二里機房屯一百二十五里泡子

口屯一百三十五里八家子屯

廳西迤北十里安家店屯十二里正紅旗四屯十五里

正紅旗五屯十七里正紅旗頭屯二十里正紅旗三屯

二十二里正紅旗二屯三十五里西所四十五里廂黄

旗五屯四十八里廂黄旗四屯五十里廂黄旗頭屯五

十三里廂黄旗二屯五十五里廂黄旗三屯六十五里

長山堡七十里三成店屯七十五里楊公屯八十里宋

彩店屯八十五里河南屯九十里管家店屯九十五里

嘎家蔵子一百里興隆店屯一百一十里西蔵子屯

廳西北十六里穆家窩堡二十里正黄旗四屯二十三

里正黃旗五屯二十五里正黃旗頭屯二十八里正黃旗三屯三十里正黃旗二屯三十五里正白旗五屯三十八里正白旗四屯四十里正白旗頭屯四十三里正白旗二屯四十五里正白旗三屯五十里張家窪子六十五里蔡家窪子七十里師家窩堡七十五里謝家店屯八十里東城子鎮八十五里朝陽屯八十八里靠山屯九十里西老渡口屯一百里腰崴子屯一百一十里叢家窩堡一百二十里鄭家窩堡一百三十五里姚家岡子屯一百四十五里廣泉屯

廳北五里許家大窩堡十五里萬家窩堡二十二里岔

路口屯三十里欒家窩堡四十里廂白旗四屯四十五
里廂白旗頭屯四十八里廂白旗三屯四十九里廂白
旗五屯五十里廂白旗二屯六十里李家窩堡六十五
里方家窩堡七十里林家屯七十五里劉家窩堡七十
八里高家窩堡八十里東井子屯迤西八十二里太平
社八十五里雙廟子屯八十八里徐家窩堡九十里新
立屯九十二里宋家店屯九十五里張家窩堡一百里
萬家店屯一百有五里十里歲子屯一百一十里萬家
窩堡一百一十五里報馬川屯
廳北迤東二十里張家窩堡二十五里安家窩堡三十

二里安家店屯四十里范家窩堡四十五里廂藍旗三
屯四十八里廂藍旗四屯五十里廂藍旗頭屯五十三
里廂藍旗二屯五十五里廂藍旗五屯六十里暖泉子
屯七十里穿心店屯八十里蕭家窩堡九十里登李屯
九十五里陳家窪子屯一百里大亮子屯一百一十里
古家窩堡一百二十里長溝子屯
廳東北四十五里范家窩堡五十五里廂紅旗三屯五
十八里廂紅旗二屯六十里廂紅旗頭屯六十三里廂
紅旗四屯六十五里廂紅旗五屯七十八里小榆樹屯
八十二里趙家窩堡八十五里長溝子屯九十里大榆

樹屯九十二里恒發湧屯九十八里薛家屯一百里梁
家窩堡一百有五里三姓屯迤西一百一十里三道岡
子屯一百一十五里閔家窩堡一百二十五里金山堡
迤西一百三十五里單家店屯一百五十里雙口面屯
一百五十二里四方台屯一百五十八里孫家窩堡一
百六十五里後柞樹林子屯一百七十里廂房屯一百
七十五里王家店屯一百八十里老斗屯一百九十五
里田家燒鍋屯
廳東北迤東六十五里正紅旗三屯六十八里正紅旗
二屯七十里正紅旗頭屯七十三里正紅旗四屯七十

五里正紅旗五屯八十里喬家窩堡八十五里正黃旗三屯八十八里正黃旗二屯九十里正黃旗頭屯九十三里正黃旗四屯九十五里正黃旗五屯一百里　趙家窩堡一百一十里三門榆屯一百二十里舉架椽子屯一百三十里孫家屯驛站自伯都訥廳入境北行七十里拉林多歡站西北行七十里雙城站東接賓州廳界

職官

通判一員　訓導一員　管獄巡檢一員駐廳城　分防巡檢一員駐拉林

雙城堡駐防協領一員　佐領八員　防禦二員　驍

騎校八員駐廳城

拉林駐防協領一員　佐領八員　防禦六員　驍騎

校八員駐拉林